太宰府天満宮の
定遠館

《遠の朝廷から日清戦争まで》

浦辺　登

弦書房

目次

はじめに　9

第一章　「定遠館」……13
定遠館のあたり　13
定遠館のいわれ　18

第二章　「太宰府天満宮」……21
飛梅と太宰府　21
心字池の三連橋　24
水鏡天満宮　28
天拝山と菅原道真公　30
武蔵寺の「紫藤の瀧」　34
二日市温泉のご利益　36

第三章　大宰府政庁と官人……39
西の遠の朝廷　39
万葉歌人の哀愁　43
万葉歌人の望郷　47

大宰府防衛の堤防　50
朝廷の防衛拠点大宰府　54
観世音寺のあたり　57
風水思想の大宰府政庁　58
大宰府政庁と鴻臚館　63

第四章　筑前領という環境……67

交易拠点の博多　67
平時の博多と有事の博多　70
蒙古の襲来　73
海を隔てての攻防戦　77

第五章　五卿と維新前後……83

黒船の襲来　83
諸外国に翻弄される江戸幕府　86
真木和泉守保臣の先見性　89
真木和泉守保臣を生んだ久留米という風土　91
寺田屋の変　93

平野國臣の恋歌　96
太宰府延寿王院への移転　99
薩長和解のシナリオ　102
薩長倒幕連合の密約　105

第六章　乙丑の獄……109

混迷の福岡藩　109
薩長同盟の継承　112
倒幕軍における「勇敢隊」　116

第七章　福岡の変、民権から国権へ……119

筑前竹槍一揆　119
福岡贋札事件と西郷隆盛　122
西南戦争　124
民権思想の萌芽　127
筑前玄洋社の誕生　129
大隈重信襲撃　131
薩長政府に対抗するための国政選挙　134

対外戦争の予兆 137
選挙大干渉 140
第八章 日清戦争……143
高陞号事件 143
日清間の兵装と訓練の違い 147
勇敢なる水兵 151
戦いの終結 155
定遠の引揚と定遠館の建設 158
おわりに 165
参考文献 169

近いということが一番の理由かもしれませんが、初詣、七五三、合格祈願と、躊躇なく太宰府天満宮に足を運んでいました。

長男が生まれてのお宮詣りも太宰府天満宮でしたが、このとき、内孫の誕生ということから、父はとても張り切っていました。

しかしながら、持病による入退院を繰り返していた父にとって、参道の手前にある広くて大きな駐車場から本殿にまで歩ませるのは身体に負担をかけるものでした。迷った末に、参道を登りきった脇道に駐車場があることを思い出し、地元の人しか知らない裏道を辿ってその駐車場に車を停めることができました。

旧帝国海軍にも籍を置いていたことのある父が指さす先には土塀、鉄扉、木造の建物があり、問わず語りに由緒を口にするのですが、駐車場の反対側にあるその一連の建造物が何なのかわかりません。木製の看板があるものの、風雨にさらされて判別できず、ようやく日清戦争にかかわるものということだけがわかりました。

生命のバトンを受け継ぐ内孫の健やかな成長を願う儀式を終え、安心からかもしれませんが父には少々疲れが見えていました。駐車場の前にあった建物や門扉について父から詳しく聞こうと思っていたのですが、残念ながらそこを後にしたのです。

今ではステンレス製の看板が立つようになったので、その建物が「定遠館《ていえんかん》」と呼ぶものとわかりましたが、誰が、なんのために、どうして学問の神様である太宰府天満宮にこんな戦争に関するものを建てたのだろうかと不思議で仕方がありませんでした。尚武を尊ぶ八幡神社に凱旋碑や敵軍の砲弾などが奉納されているのは理解できるのですが、戦いとは無縁の太宰府天満宮に戦勝記念館ともいうべき館があるなど、その結びつきが理解できません。

明治三十五年（一九〇二）には菅公会会長の黒田侯爵の宿舎になり、明治三十六年（一九〇三）には東伏見宮依仁親王《ひがしふしみのみやよりひと》によって「定遠館」の額が座敷に掛けられるという栄誉に浴しながらも、いまでは館の周囲は雑草に覆われ、菅原道真公の霊廟地としてその存在じたいを持て余しているかの感がするのです。

太宰府天満宮の地続きには九州国立博物館が建設されましたが、その前身となる「鎮西博物館」構想の中心人物の一人が「定遠館」を建設した小野隆助《おのりゅうすけ》（この人物の詳細は後述）なのですが、太宰府の発展に寄与した小野隆助がこの「定遠館」に込めた願いとは何だったのだろうかと思いを巡らすときがあります。日清戦争勃発によって中止になった鎮西博物館建設ですが、太宰府神社（太宰府天満宮）の神官でもあった小野隆助にとって、日本全国の耳目を集めた清国北洋艦隊の旗艦「定遠」の部材で記念館を建て、大宰府政庁跡一帯と太宰府天満宮を古代から近代までの鎮西博物館に代わる立体的な歴史博物館に仕立て上げたいと思ったのでしょうか。

父から聞き渉らしたこの不思議な鉄扉と建物のいわれを知りたくなり、そこから、あまりに身近にありすぎて知らなかった太宰府というものを問い直しながら「定遠館」にまつわる小野隆助の思いを辿りたいと思ったのが本書を著すきっかけです。

太宰府天満宮と定遠館の位置

第一章　「定遠館」

定遠館のあたり

今は気軽に車で行くことがほとんどですが、子供の頃、太宰府天満宮に行く時は徒歩か西鉄電車でした。保育園の遠足の時は特別に西鉄電車に乗せてもらったのですが、小学校に入学してからの歓迎遠足からはぞろぞろと列をなし、上級生のお兄さんお姉さんに手をつないでもらって行ったのを覚えています。

現代のようにテーマパークというものがなかった時代、太宰府天満宮の境内と地続きにある「だざいふえん」という遊園地は近隣の子供たちの楽しみの場所であり、学問の神様である菅原道真公が祀ってある太宰府天満宮に参拝するというよりも「だざいふえん」に行くのが最大の楽しみでした。

急速に変貌を遂げる都会と違って、今でもまったく変わらない単線の終着駅である西鉄太宰府駅の改札口を抜けると、そこはすぐに太宰府天満宮の参道へとつながっています。大きな石造りの鳥居が何本も立つ石畳のゆるい坂を登っていくと、参道の両脇を占める土産物屋からは香ばしい名物の梅が枝餅の匂い、呼び込みの声、乱雑な玩具等の音が降りかかってきて、これは日本全国の著名な神社仏閣のどこにでもある風景と思います。しかしながら、この環境に放り込まれると、何故か、気持ちが弾んでしまうのは不思議ですね。

この参道を登りきり、鉤型になった道に従うと菅原道真公を祀った太宰府天満宮の本殿へとつながっています。多くの参拝者は見落としてしまうのですが、この参道を登りきった脇にある路地を右に進むと参道の喧噪とは裏腹に静かな趣の一画に出くわすことができるのです。小さな溝のような川の流れがあったり、朽ちかけた白壁の土塀があったりと歴史を感じさせる太宰府の一面を目にすることができるのですが、ここに年代不詳の鉄板でできた門扉を目にすることができます。頑丈そうに見えるものの、ボロボロに錆び、さらには大きなリベットの穴や歪な穴が空いていて、門扉をつくる金をケチって適当な鉄板を拾ってきたものとばかり思っていました。

その門扉の奥にはこれまた正体不明の木造の建物が建っているのですが、その昔は木製の案内

現在の「定遠館」正面の門。左右に鉄扉が見える（リベット、爆裂跡が透けている）

「定遠」の装甲鉄板で作られた門扉。リベットの穴が透けて見える（写真右）。また、砲弾で空いた穴もみえる（写真左）

門扉全体を中庭の駐車場から見た風景

「定遠館」正面。屋根の三角形の頂部には中国風の装飾品と思われるものが使われている

「定遠館」の縁側。ボートのオールとはっきり見てとれる

「定遠館」右手の玄関。中国風の彫り物の装飾が施されている

板が立っていたのでなにか歴史に関係するものとは分かっていましたが、「威海衛《いかいえい》」とか「黄海」という毛筆の文字が僅かに読み取れる程度でした。

この正体不明の木造の建物は「定遠館」といって、日清戦争のときの清国北洋艦隊の旗艦「定遠」の装備品などで作られたものです。建物の正面の右側に小さな玄関があるのですが、ここに装飾を施した手すりではと思われるものがあります。さらに正面から左手に回り込み草むした縁側の下をのぞくと、明らかにボートのオールとわかるものが桁として使用されています。土塀に取り付けてあったボロボロの門扉は戦艦「定遠」の装甲鉄板だったもので、歪な穴は日本海軍が放った砲弾が炸裂した痕だったのです。

現在、前庭は駐車場やイベント会場として使われているようですが、今の姿を見ると戦争とは関係のない学問の神様太宰府天満宮のイメージを損なわないように遮蔽されているように感じられてなりません。

定遠館のいわれ

太宰府天満宮といえば、菅原道真。菅原道真といえば、太宰府天満宮とあまりにも深い関係にある両者ですが、その太宰府天満宮や菅原道真公に関する書物はいくつも目にすることができるものの、太宰府天満宮にある「定遠館」に関して記述されている本にはなかなか出くわすことがありませんでした。

あるとき、太宰府市五条の古本屋で『さいふまいり』という小さな冊子様のものをみつけました。昭和五十一年（一九七六）発行の小さな本の扉には太宰府天満宮境内略図に「定遠館」が記されており、嬉しいことに「定遠館のあたり」という紹介の文までもあるのです。「定遠館」の来歴の事実が淡々と述べられているのですが、嬉しさもそこまでで、地元出身の小野隆助さんが建てたとあるのですが小野隆助とは何者なのか、なぜこの人が戦利品ともいうべき清国北洋艦隊「定遠」の部材を集めたのか、なぜ太宰府天満宮でなければいけなかったのか、次々と疑問がわいてくるのですが、その答えはこの小さな本のどこにもありません。

だめもとで太宰府天満宮に「定遠館」についての問い合わせをいれてみました。

数日後、太宰府天満宮の会報誌である「とびうめ」のコピーが届いたときには、嬉しく思うと同時に驚きました。失礼な話ですが、見も知らぬ人間からの問い合わせに「なにを訳のわからぬことを」と無視されるのではと思っていたのですから。

昭和六十二年（一九八七）十月一日付のそのコピーには七四三〇トンの戦艦「定遠」のイラス

トとともに防衛大学校助教授二等海佐（当時）の関口鉄也氏によって詳細な説明がありました。書家の小野道風の末裔であり、さらには久留米水天宮宮司である真木和泉守の弟でもある小野隆助氏が私財を投じて建てたのが「定遠館」とあるのです。

しかし、小野隆助なる人物と「定遠」との関わり合いについては無情にも「定かではない」と書かれています。

十畳敷ほどの座敷が二つ、六畳敷の部屋が一つ、鉤型になった縁側など、コピー資料には建物の見取り図までがついています。太宰府天満宮に許可をとれば特別に内部を見学することはできると思うのですが、一般には公開されていません。そこで、ひとつひとつ、この資料をもとに関わり合いを解きほぐしていくしかないなと思いました。

第二章　「太宰府天満宮」

飛梅と太宰府

太宰府天満宮といえば、いまや学問の神様こと菅原道真公を祀っている社として全国的にその名を知られるようになりました。

昌泰四年・延喜元年（九〇一）、時の左大臣藤原時平の讒言により突如として右大臣から大宰権帥《だざいのごんのそつ》に左遷された菅原道真公は京の都に帰ることなく、失意のうちに太宰府の地で薨去されました。その葬られた場所が現在の太宰府天満宮本殿といわれています。

《東風吹かば匂ひをこせよ梅の花あるじなしとて春なわすれそ》

菅原道真公が京の都から大宰府に西下する際に邸にある梅に向けて詠んだ歌ですが、その碑が参道を上り詰めた先に立って迎えてくれているのを多くの人は知らずに通り過ぎてしまいます。これは少し、残念な気がします。

太宰府天満宮は別名「梅の太宰府」といわれるほど境内に多数の梅の木があるのですが、なかでも本殿脇にある「飛梅」が最も人気が高く、そして、最も早く花を咲かせるといわれています。一夜にして京の邸から遠い九州の大宰府まで菅原道真公を慕って飛んできたといういわれのある梅ですが、壇ノ浦の戦いで源氏に敗れた平氏一門が太宰府天満宮に集まり再起を図ろうとしたときに「飛梅」はいずこと尋ねたほど、京の都にもその名が知られていたものです。

子どもの時分はそういった言い伝えのあることなど関係なく、早いところ賽銭をあげて名物の「梅が枝餅」にありつくか、「だざいふえん」で遊ぶことしか考えていませんでした。

この名物の「梅が枝餅」の起源には諸説があり、亡くなられた菅原道真公の棺に供えられた供物の餅に梅の小枝が添えられていたからとか、土地の老婆が菅原道真公に差し出した飯に梅の小枝が添えられていたからというのが始まりといわれています。

今はあまり見かけなくなりましたが、昔は土産に買い求めた「梅が枝餅」の包みには年がら年中、おもちゃの梅の小枝が付いていました。梅の小枝が添えられたという故事に倣ってのことだったのでしょうが、今ではどこそこの茶店のものが美味いとかいって行列ができる始末です。他

延寿王院正面右手に立っている、菅原道真公の「東風吹かば……」の歌碑

にもたくさん、美味しいものがある時代、なにを好き好んでと思うのですが。

この配流の地である大宰府にも藤原時平の刺客が送り込まれていて、菅原道真公の命を狙っていたとのこと。藤原時平からよほど憎まれていたのか、返り咲きを恐れていたのかはしりませんが、その菅原道真公の危難を救ったのが土地の老婆です。刺客に追われて逃げ込んだ家の老婆は松の葉に盛った麹の飯を道真公に差し出したといわれています。

苦難の旅の果てに辿り着いた先で受けた食事は菅原道真公にとって心なごむ、なによりのご馳走だったことでしょう。

《太宰府のお石の茶屋に餅食へば旅の愁ひもいつか忘れむ》

与謝野鉄幹、晶子が主催する『明星』で歌人としてデビューした吉井勇の歌です。これは吉井勇自身の心情を謳ったものですが、長い長い旅の果てに大宰府に流れ着き、供された飯を目の前にした菅原道真公の気持ちに不思議と重なりあう気がします。

この吉井勇の詠んだ歌碑は太宰府天満宮本殿の裏手にある「お石茶屋」という茶店脇に立っています。

心字池の三連橋

多くの参拝者や観光客は参道から本殿に至る太鼓橋を渡って、朱塗りの本殿や回廊の華やいだ雰囲気に放り込まれます。しかしながら、この太宰府天満宮が九州土着の西国大名、戦国武将による激しい権力争いの場に利用されたことを知る人は多くありません。

壇ノ浦での戦いに敗れた平氏の一団は再起を期して太宰府天満宮に参集し、菅原道真公が朝廷への忠誠を誓い名誉を回復したことに因んで戦勝祈願をしています。残念ながら平氏のその願いは届けられなかったものの、足利尊氏の場合はこの太宰府天満宮から再起を果たし、室町幕府を開くに至っています。

その後も、天下統一を織田信長から引き継いだ豊臣秀吉は戦火に見えて興廃した太宰府天満宮の再建を石田三成に命じていますが、大宰府という利権がからむ特殊な立場を利用しようと考えていたに違いありません。

数々の武家集団による争奪の対象となったこの太宰府天満宮を最後にものにした武将といえば黒田如水《くろだじょすい》、長政親子になります。

豊臣秀吉の参謀長格であったものの、天下分け目の関ヶ原においては徳川家康の東軍に加担し、その恩賞として筑前領を手に入れたのです。戦が済み、衆目の中、敗軍の将として引き立てられる石田三成の括られた腕に黒田長政は自らの陣羽織を掛けるという武士の情を示しているのですが、それに対し、戦功の褒賞として筑前領を所望しろと石田三成は長政に助言したといわれています。

望みどおり筑前入りを果たした黒田如水はその子長政に参道から本殿に至る心字池に三つの橋を造営させました。二つの反り橋と平橋とからなる橋はそれぞれ、「過去」、「現在」、「未来」という時間空間を表し、それぞれの空間を超えることで潔斎するという意味があるそうです。まるで、輪廻転生、生まれ変わることで無垢になるということなのでしょうか。

幼い頃、そのような神事的ないわれなどには関係なく、「現在」の平橋から心字池の鯉にエサを与えるのがおもしろくて仕方がなかったのを覚えています。

ちなみに、この心字池ですが、漢字の心という字を象っていることから心字池というそうです。情けないことにこのことは歌手のさだまさし氏のアルバムにある「飛梅」という曲から池の名前と橋の意味を知ったのです。

心字池にかかる　三つの赤い橋は
一つ目が過去で　二つ目が現在
三つ目の橋で君が　転びそうになった時
初めて君の手に触れた　僕の指
手を合わせた後で　君は神籤を引いて
大吉が出る迄と　も一度引き直したね
登り詰めたらあとは下るしかないと
下るしかないと　気づかなかった
天神様の細道

裏庭を抜けて　お石の茶屋へ寄って
君がひとつ　僕が半分　梅が枝餅を食べた
来年も二人で　来れるといいのにねと

僕の声に君は　答えられなかった
時間という樹の想い出という落ち葉を
拾い集めるのに夢中だったね君
あなたがもしも　遠くへ行ってしまったら
私も一夜で飛んで行くと云った
忘れたのかい　飛梅

（「飛梅」作詞・作曲　さだまさし）

都市伝説というものがありますが、この太宰府天満宮にもひとつの伝説があります。男女の一方が縁を切りたいと思ったならば、太宰府天満宮を訪れて鳥居の下を同時にくぐれば難なく縁が切れるというものです。さだまさし氏のこの「飛梅」という曲を聴いたとき、氏はこの太宰府天満宮の伝説をご存じだったのかなあと思いました。さだ氏は他にも「縁切寺」というそのものずばりの曲を作られましたが、太宰府天満宮ではご利益がなかったのかと訝ったものでした。

ともあれ、この心字池にかかる反り橋は石でできているので足元が滑りやすく、合格祈願で参拝に訪れた受験生は「未来」において特に気をつけなければならないのは言うまでもありません。

水鏡天満宮

「過去」「現在」「未来」の橋を渡って潔斎した後、いよいよ本殿で参拝することになるのですが、その前にやはり作法として清水で口を濯ぎ、手を清めることになります。

この太宰府天満宮には大きな自然石が据えられた手水舎《ちょうずや》があり、その石は太宰府天満宮の東北に聳える宝満山《ほうまんざん》から運び込まれたものといわれています。

この宝満山の標高は八二九・六メートル、伝教大師最澄もその山頂で祈禱した山とのこと。修験道の山でもあるため険しいことこの上ありません。小学校高学年、中学校の遠足で何度かこの山に登ったのですが、翌日は足が痛くて仕方なかったのを覚えています。はじめて宝満山に登ったときには「よく登ったね」と感心され、二回目になると「また、来たとね」と少々あきれられ、三回目になると褒められるどころか「あんた、馬鹿やないね」と厳しい一言が待っています。さほど険しい山を思うと、優に大人が三〇人は一度に手を洗うことができる手水舎の自然石をどうやって山から降ろしてきたのかと感心するばかりです。

学問の神様として崇められる菅原道真公は文官として優れた能力を発揮されたといいますが、当時の先進国である唐の国などから使節がやってきた時にも、その道真公の才能は諸外国から高く評価されたそうです。

苦しい時の神頼み、受験生が菅原道真公の才能にあやかろうとする気持ちはよく理解できます。平氏一門ではありませんが、死後とはいえ太政大臣という位にまで「返り咲いた」ことを含んでの神頼みでもあるのかもしれませんが。

しかし、努力と才能で右大臣になり従二位にまで上り詰め栄華を極めた菅原道真公も謀で大宰府に流され不遇の時を過ごすことになるのですが、昔も今も宮仕えというかサラリーマンが出世に対して骨肉の争いを繰り広げるところをみると、人間というものは昔から大して成長していませんね。

菅原道真公の西下は罪人に近い扱いの旅であり、九州の博多に着いたときには高位の人が坐る敷き物もなかったそうです。それを哀れに思った土地の漁師が綱を巻いて座布団代わりに差し出したというのですが、その故事にちなんで綱場町という町名が博多には残っています。

さらには顔の汚れ、衣服の乱れを整える鏡もなく、やむなく水鏡に身を映したといいます。水鏡にちなんだ水鏡《すいきょう》天満宮が福岡市の中心地である天神に鎮座していますが、その天神という地名ももちろん道真公にちなんでついたものです。

余談ながら、この水鏡天満宮の石の鳥居の扁額は石屋の跡取り息子であった広田弘毅の子供時代の書といわれています。

広田弘毅が書いたのは水鏡天満宮前の「水鏡神社」という石碑との説もあるのですが、天満宮で掃除をされていた老婆に広田弘毅の書いた扁額はどれですかと尋ねたところ、石の鳥居のところに案内され、「これですばい」と指さされるのです。

「小学校一年生の時に書きなすったとばってんが、立派なもんでっしょうが」と自慢げに言われるのですが、広田弘毅が戦争犯罪人として裁判の渦中にあるときは敗戦後のどさくさで裁判の行方にまで気が回らなかったとも口にされました。

職人の息子であったものの、才能に恵まれ外務官僚から内閣総理大臣にまで出世した広田弘毅ですが、極東国際軍事裁判(東京裁判)で東條英機らとともにA級戦犯として絞首刑になりました。菅原道真公のようにいまだ名誉の回復にまで至っていないのが残念です。

天拝山と菅原道真公

菅原道真公が大宰権帥として大宰府に着任した時の官舎は「府の南館」といわれる榎寺《えのきでら》でした。これは大宰府政庁のある場所から南に七〇〇メートルほど離れた場所にあり、今の西鉄二日市駅の北側、線路沿いの場所に村の鎮守様かと見間違いそうな社殿が見えるのが、それになりま

〈上〉水鏡天満宮。「天満宮」の扁額は広田弘毅の手になるもの。しかし、左端の「水鏡神社」という説も
〈下〉水鏡天満宮正面。ビルとビルの間にあるため、地元の人も見落としてしまう

す。この官舎で菅原道真公は大宰府政庁に登庁することなく、謹慎生活を送っているのです。

政庁における肝心の政務は菅原道真公に代わって次席の大宰大弐《だざいのだいに》小野葛絃《おののくずお》が執り行なっています。小野葛絃というよりも、藤原純友の乱を平定した小野好古《おののよしふる》、花札で柳に飛びつく蛙を見ている書家の小野道風の父といったほうが分りやすいでしょう。

「府の南館」である榎寺からさらに線路沿いに北に行くと、西鉄「都府楼《とふろう》前」駅に至るのですが、この駅名である「都府楼」は大宰府政庁の事を指し、菅原道真公が榎寺で詠んだ「不出門」という詩文の中から引用された駅名です。

一従謫落就柴荊
萬死兢兢跼蹐情
都府楼纔看瓦色
観音寺只聴鐘声
中懐好逐孤雲去
外物相逢満月迎
此地雖身無検繫
何為寸歩出門行

何も身に疢しいことはないのだけれど、ただただ、大宰府政庁の瓦を眺め、府の大寺といわれた観世音寺の鐘の音を聴くだけで門を出ずに謹慎している、という内容の漢詩です。

この大宰府政庁の東北の方角には修験道の山でもある宝満山が聳えているのですが、目を転じると西の方角に標高二五八メートルの天拝山《てんぱいざん》という山を望むことができます。

忙しい現代人は太宰府天満宮に近い大宰府政庁跡や弘法大師が入唐、帰国の際に滞在したという観世音寺を散策することもなく、天満宮に参拝するだけで帰路についてしまいますが、太宰府天満宮が諸国の人々の崇敬を集めている江戸時代、参詣人はわざわざこの天拝山にまで足を延ばすこともあったといいます。

麓から山頂までは緩やかな上り坂になっていて、幼い子どもでも時間をかければ楽に登りきることのできる山です。山頂からは大宰府政庁を取り囲む山々を望むことができ、この山頂から菅原道真公は天に向かって自らの無実を訴えたといわれています。天に向かって祈る際、道真公が立たれたという石が山頂に残っていて、そこに立てば頭がよくなるといういわれがありました。小学生時代には同級生たちと先を争って登っていましたが、仲間の中から著名な学者、大臣が生まれていないところをみると後世の人が別の石にすり替えていたのでしょう。

この天拝山ですが、菅原道真公が天に向かって無実を訴える祭文を抱えて祈りを捧げていたところ、その祭文が宙に舞い、逆に天から「天満大自在天神」という尊号が下りてきたといいます。このことから天が判じる山、天判山《てんぱんざん》といわれるようになったのですが、菅原道真公が天を拝したということから天拝山《てんぱいざん》という名前が定着しました。なぜか、古老たちは天判山《てんぱんざん》を好んで使っていましたが、子ども時分、大人が間違っていると心のなかで思っていました。

すでに朽ちて無くなってはいますが、子どもの頃までは芯が空洞になった大木が残っていました。菅原道真公が山頂に立たれた時、その大木に落雷があった名残と小学校の先生が教えてくれましたが、しかし、これもさきほどの菅原道真公が立たれた石と同じく真偽の程は確かではありません。

武蔵寺の「紫藤の瀧」

天拝山の麓、登山口の側には「武蔵寺《ぶぞうじ》」という天台宗の古刹があります。言い伝えによれば、ここは初代大宰帥蘇我日向臣身刺《だざいのそつそがのひむかのおみむさし》の宅地であったところを寺院にしたものといわれ、九州では最も古い寺とのことから福岡県の史跡に指定されています。子どもの頃はそのようないわれなど関係なく、この寺の起伏に富んだ境内を駆けまわり、喉が渇けば湧き水を飲んで再び遊びに興じたものでした。

夏場には「龍王の瀧」、別名「紫藤《しとう》の瀧」という高さ三メートルほどの小さな瀑布の流れで涼んだりもしましたが、中学生の時には悪友とちょっとした騒ぎをこの瀧で起こしたことがあります。いつもならば学校の机にしがみついていなければならないとき、スケッチ大会がこの寺で開かれました。全員がまじめにスケッチをしているなか、配られた画用紙には適当に絵の具を塗りたくり、画板を放り出して悪友と遊び呆けていました。

そこで、ふと、目に留まったのがこの瀧です。幼い頃から遊びなれた場所ですから、探検と称して瀧の上流に上り、枯れ枝や田んぼの泥を集めて瀧の流れを止めてしまったのです。水が流れ落ちてこない異変に瀧をスケッチしていた生徒たちが騒ぎだし、それに気付いた引率の教師が駆け付けたのでダムを決壊させて一目散に逃げ去りました。

この武蔵寺では「藤まつり」という藤の花を愛でるお祭りが四月末から五月の開花に合わせて開かれます。「紫藤の瀧」の名前はこの藤の花にちなんでつけられたのだと思います。祭りのとき、樹齢のほどは確かではありませんが、相当な古木ということで根元に日本酒を注いで藤の樹を労うということをします。藤の樹も酒が入れば人間と同じで色つやが良くなると古老が言っていました。本当なのでしょうか。

また、七月の丑の日には「瓜封じ」といって、瓜に「病気平癒」などの願い事を記したものを埋めるという風習がありますが、これは祈願するしか病に打ち克つ方法の無かった時代の名残と思います。

後年、菅原道真公は天拝山で七日七夜に渡って天に向けて無実を訴えられたのですが、その前に百日間も「紫藤の瀧」に打たれて潔斎沐浴、穢れを払った神聖なる場所だったと知り、瀧の流れを止めるなど、とんでもない罰当たりなことをしたと反省したのを覚えています。その影響からか、悪友ともども学校の成績はまったくと言っていいほど振るいませんでした。

ちなみに、これも真偽のほどはわかりませんが、この瀧の傍には菅原道真公が身を清める際に衣服を掛けたという「衣掛の石」という岩がたっています。

二日市温泉のご利益

《湯の原に鳴く芦田鶴《あしたづ》はわがごとく妹《いも》に恋ふれや時わかず鳴く》

奈良の都から大宰帥として着任した大伴旅人《おおとものたびと》が任地で亡くした妻を偲んで天平元年（七二九）頃に詠んだ歌です。温泉に浸っていると鶴の声がして、その哀れな鳴き声に亡くした妻を思い出し、一層のこと悲しみが増したという気持を歌ったものです。

この歌に出ている湯の原とは、天拝山の麓、武蔵寺《ぶぞうじ》の近くにある次田《すいた》の湯、今の二日市温泉ですが、この旅人の歌によって万葉の時代から親しまれていた温泉ということがわかります。今は暗渠になっていますが、昔は温泉街の中心をなす道路と温泉旅館の「大丸別荘」との間には川が流れていました。この川底を覗くと大人が一人浸かることができる丸いコンクリート製の土管がいくつも口を開けて並んでいました。川の中に土管が打ち捨ててあるのが不思議で父母に尋ねると、その昔は川の中にも温泉が湧き出ていて土管やコンクリートの水槽を湯船として使っていたとのこと。さすがに鶴を見かけたことはありませんでしたが、鷺が餌を求めて悠長に川の流れを啄ばんでいたのは見覚えがありますので、旅人は川の中に湧出する温泉に浸かっていたのかもしれません。

初めてこの歌を読んだとき、妻を亡くした大伴旅人は休養で次田の湯を訪れたものと思っていました。万葉集の解説書にも休養のために訪れたのだろうとあり、温泉で妻を亡くした傷心を癒したのだろうと理解していました。しかしながら、妻を亡くしたからといって温泉療養をしたいという気持が起るのだろうか、という消化できない気持が残っていました。

古人の考えではあの世を「黄泉《よみ》の国」といい、地底にあるものと信じられていました。ふと、温泉に浸かるのは亡くなった人が再び現世に生まれ変わってこられるようにという「黄泉《よみ》がえり」の神事を旅人は行っていたのではと思い至ったのです。再び、蘇って来ることができるようにと祈る儀式だとすれば、鶴の鳴き声に紛れて泣きたくもなり、地底から湧き出るお湯を電話線としてあの世とこの世とで会話をしていたのかと思うと、旅人の哀れさが以前にも増して伝わってきました。

この二日市温泉は筑豊炭田から掘り出される石炭景気華やかりし頃には「博多の奥座敷」として炭鉱成金の遊蕩の場所でもありました。火野葦平の小説『花と龍』にも遠足と称して若松港の石炭沖仲士が武蔵《むさし》温泉、今の二日市温泉に遊びに出かける場面が描かれています。ここで主人公の金五郎は運命的な女性との再会を果たすのですが、旅人の功徳のおかげなのでしょうか。

この温泉には「御前湯」という福岡藩黒田の殿様専用の風呂が設けられていましたが、今では市営の公衆浴場として一般に開放されています。

第三章　大宰府政庁と官人

西の遠《とお》の朝廷《みかど》

大宰帥の大伴旅人が任地である大宰府で妻を亡くし、その悲しみを詠った歌を紹介しましたが、この歌は万葉集にも収められています。

大伴旅人は歌人としてもその名を知られていますが、大東亜戦争中に日本軍の玉砕を報せるラジオ放送の前に流れた「海ゆかば」の作詞者であり万葉集を編纂した大伴家持《おおとものやかもち》の父といった方がよりわかりやすいかもしれません。

海ゆかば　水漬くかばね

山ゆかば　草むすかばね
大君の辺にこそ死なめ
かえりみはせじ
（「海ゆかば」作詞　大伴家持　作曲　信時潔）

その大伴家持は弟の大伴書持《おおとものふみもち》とともに父の任地である大宰府に従ってきたのですが、母を亡くした後には父の妹である大伴坂上郎女《おおとものさかのうえのいらつめ》に養育されたといわれています。
《来むといふも来ぬ時あるを来じといふを来むとは待たじ来じといふものを》
《恋ひ恋ひて相へる時だに愛しき言尽してよ長くと念はば》
《夏の野の繁みに咲ける姫百合の知らえぬ恋は苦しきものそ》
大伴坂上郎女は著名な恋歌を詠んだ歌人として名をなしていますが、家持はこの叔母によって更なる歌詠みとしての感性を磨かれたのではないかと思います。
《大君の遠の朝廷とあり通ふ島門《しまと》を見れば神代し思ほゆ》
やはり万葉歌人として名前が出てくる柿本人麻呂が筑紫の国（大宰府）に赴くときに詠んだ歌です。柿本人麻呂の生涯は謎だらけですが、天武、もしくは持統天皇の時代の人ですので、六七〇年から六九〇年あたりにかけて詠まれた歌のようです。

大宰府政庁跡。現在は礎石のみを残した原っぱ

この歌でもわかるように大宰府は別名「遠の朝廷」とも呼ばれ、奈良の都からしても重要な外交、交易の出先機関であったことがわかります。この大宰府の長官職である大宰帥の官位は従三位といわれており右大臣であった菅原道真公が従二位であったことをすれば地方の官職といえども決して低いものでないことが理解できます。これは半島、大陸との外交、交易の地として、中央政権にとって大宰府が国益の重要な位置を占めていたことの表れです。

官人たちが政務をとる大宰府政庁は菅原道真公の廟である太宰府天満宮から西南西へ二キロの方角にあり、隣接する観世音寺や戒壇院を見学すれば西鉄都府楼前駅にもほど近く、ちょっとした散策コースとして楽しめるのではないでしょうか。

この大宰府政庁を都市という観点からみてみると、東西二十四坊、南北二十二条、距離にすると東西およそ二・六キロ、南北およそ二・四キロの碁盤の目状といわれています。いまでは政庁としての建物があった場所は礎石だけが点在する広場となっていて、小学校の遠足のときはここで弁当を広げ、広い原っぱを駆けずり回ったものでした。


おもしろいことに、奈良の都から大宰府までは柿本人麻呂の歌にあるように官人たちは瀬戸内海を船で航行し、九州北東岸の豊前に到着してからは田河道《たがわ》、米ノ山《こめのやま》峠を越える米山官道というルートを辿っています。田河道とありますが、これは五木寛之氏の『青春の門』の舞台になった筑豊田川を通る道でした。石炭が発見され活気にあふれるはるか大昔のこと、三〇里（津令制度時代の距離から換算しておよそ一六キロ）ごとに駅が設けられた官道とはいえ人気もなく淋しい旅だったのではと思います。

これはこの当時、九州北西岸の玄界灘に面した場所に宗像《むなかた》族という地方豪族が勢力を張っていて、朝廷の高官といえども北西岸の平たんな道を容易に通過できない関係にあったようなのです。

この宗像族の本拠地ですが、今の福岡県宗像市にあたり、ここには田心姫神《たごりひめかみ》、湍津姫神《たぎつひめかみ》、市杵島姫神《いちきしまひめかみ》という三柱の女性海神を祀る宗像大社があります。宗像族は半島・大陸との交易によって勢力を維持していた豪族ですが、航海の安全祈願の為に海神を祀ったものと思われるのです。この三柱の海神のなかでも田心姫神が祀られる沖津宮は宗像の沖合はるか玄界灘に浮かぶ沖ノ島にありますが、この島全体が宗像大社の神域でもあるのです。ここは別名「海の正倉院」と呼ばれ、四世紀から八世紀頃の祭祀器具や鏡などさまざまな秘宝五万点が眠る女人禁制の島です。ここで発掘された純金製の指環が九州国立博物館に展示されていたのですが、これを見た時にはあまりの荘厳さに権力の象徴としての指環を争奪する「玄界灘の指環物語」を空想してしまいました。

ちなみに、広島の厳島神社の社殿は平清盛の創建ですが、厳島神社の祭神は宗像大社の三海神を分祀したものです。

万葉歌人の哀愁

大伴旅人が大宰帥として着任した同じとき、やはり万葉歌人として名を知られている山上憶良も筑前国守として大宰府政庁に赴任しています。この万葉歌人たちは大宰府においても折々、奈良の都で過ごしたのと同じ宴会を催しています。

《わが苑に梅の花散る久方の天より雪の流れくるかも》

と、大伴旅人は梅花の宴で歌を詠み、

《春さればまづ咲くやどの梅の花独り見つつやはる日暮らさむ》

と山上憶良は詠んでいます。

更に、大の酒好きの大伴旅人は、妻を亡くした悲しみを紛らわすためなのか、遠く都を離れた憂さ晴らしなのか酒を称賛する歌も多く詠んでいます。

《あな醜《みにく》賢しらをすと酒飲まぬ人をよく見れば猿にかも似る》

などは、その代表的な一首です。

今の時代でも酒を飲めない部下を上役がからかう場面がありますが、万葉の時代にも似たような事が起きていたということです。

そして、その宴席を要領よく抜け出す術を心得ていたのが山上憶良でした。

《しろがねもくがねも玉も何せむに優れる宝子にしかめやも》

あまりに有名な一首ですが、

《憶良らは今は罷らむ子泣くらむそれその母もわを待つらむそ》

との一首を残して宴席を後にしています。

宴席のホストである大伴旅人もさすがにこのような一首を詠まれたら、「わかった、わかった、もう帰れ帰れ」と笑いながら山上憶良を送りだしたことでしょう。

子煩悩という印象が残る山上憶良ですが、実のところ、子どもたちの母でもある若い妻にぞっこんだったからという説も残っています。

この山上憶良には万葉集に収められた歌とともに、庶民の貧しさを歌った「貧窮問答歌」も有名です。

《風雑じり　雨降る夜の　雨雑り　雪降る夜は　すべもなく　寒くしあれば　堅塩を
とりつづしろひ　糟湯酒　うちすすろいて　しはぶかひ　鼻びしびしに　しかとあらね
鬚かき撫でて　吾をおきて　人はあらじと　誇ろへど　寒くしあれば　麻ふすま
引きかがふり　布肩衣　ありのことごと　着襲へども　寒き夜すらを　吾よりも
貧しき人の　父母は　飢ゑ寒ゆらむ　妻子どもは　乞う乞う泣くらむ　この時は
いかにしつつか　汝が世は渡る》

大宰府は政庁を中心として東西南北に条坊で構成された都市と説明をしましたが、実際は荒野が広がる中に家があるというものだったようです。

「府の南館」と呼ばれた菅原道真公の官舎である榎寺は大宰府政庁から南の朱雀門に至る大路に面していたそうですが、井戸は枯れ、軒端は傾き、屋根は腐っていたとのこと。山上憶良の「貧窮問答歌」にも似て菅原道真公も雨漏り、隙間風に悩まされたとのことです。

《今もかも大城《おおぎ》の山にほととぎす鳴き響むらむわれなけれども》

大伴坂上郎女が大宰府から都に帰った後に筑紫の大城山《おおぎやま》（大野山）を思い出して詠んだ歌です。

帰省のおり、大宰府政庁跡の付近を車で通ることがありますが、政庁から南に広がっていたであろう条坊は鉄道や高速道路、バイパス道路に遮断され、往時を偲ぶことができるものはありません。

ただ、毎年十月中旬に秋の名月を観賞する「観月会」というイベントが天拝山で開かれるのですが、しみじみと見上げる月に万葉歌人や菅原道真公も眺めたであろう月の輝きだけは昔と何も変わっていないのだなあと思います。

《ぬばたまの夜霧の立ちておほほしく照れる月夜の見れば悲しき》

大伴坂上郎女が詠んだ月の歌です。

万葉歌人の望郷

万葉歌人たちは宴席で花鳥風月を歌に詠み都と同じ暮らしを求めているのですが、やはり望郷の念断ちがたく、遠い都を偲ぶ歌も残しています。

《やすみししわご大君の食国は倭も此処も同じとぞ思ふ》

大伴旅人の歌です。

《あをによし寧樂《なら》の京師《みやこ》は咲く花のにほうがごとく今盛りなり》

作者である大宰少弐小野老《おののおゆ》の名前はなかなか思い出されずとも、あまりに有名なこの一首はすらすらと出てくるのではないでしょうか。

この小野老は望郷の念を歌に託しながらも任地である大宰府で亡くなっているそうですから哀れを誘います。一説には、あの小野妹子の末裔ともいわれています。

このような宮廷文化を楽しめるほど官位の高い大宮人が中央から遠く離れた九州の大宰府になぜ赴任しなければならないのかと思われますが、当時の大宰府は半島、大陸との外交、交易の要衝であるとともに、国家防衛の前線基地であったことと関係しています。

斉明天皇の時代、六六〇年、百済は唐、新羅の国に攻められ日本に救いを求めてきました。この要請に応じて日本は百済支援に出向いたものの、六六三年、唐と新羅の連合軍との戦いに敗れ、百済の国は滅んでしまいました。

敗走する日本軍は筑紫の国に辿り着いたのですが、朝廷の当面の問題は唐や新羅の連合軍が海を渡って攻めこんできた場合に備えることでした。このため九州の北岸から壱岐、対馬などの西国に防人を置き防衛拠点を築かなければならなくなったのですが、相模、駿河、上総、下総、常盤、武蔵、信濃と東国を中心とした農民たちが防人として徴用されています。

《父母が頭かき撫で幸くあれていひし言葉ぜ忘れかねつる》

《わが妻も絵に描きとらむ暇もが旅行く吾は見つつしのはむ》

《わが妻はいたく恋ひらし飲む水に影さへ見えて世に忘られず》

《大王《おおきみ》の命《みこと》畏み出で来れば吾に取りつきて言ひし子なはも》

《韓衣《からころも》裾に取りつき泣く子らを置きてそ来ぬや母なしにして》

万葉集に残されている防人たちの歌です。

別れの悲しみをストレートに歌として表現しているのですが、タイムマシンがあればビデオやデジタルカメラで撮った映像を故郷で待ち焦がれる家族に送り届けてあげたくなります。

大伴氏はもともと武門の一族ですが、この東国の防人たちを西国へと引率することになったのは兵部少輔大伴家持でした。家持はこれら防人たちの悲しみに心を痛め歌を詠んでいます。

《天皇《すめらぎ》の遠の朝廷と　しらぬひ筑紫の国は　賊守る鎮への城ぞと　聞し召す

四方の国には　人さはに　満ちてはあれど　鶏が鳴く　東男は出で向かひ

顧みせずて　勇みたる　猛き軍卒と　労ぎ給ひ》

万葉集にも収められている長歌の冒頭です。

《沖つ鳥鴨といふ船の還り来ば也良の崎守早く告げこそ》

筑前国守であった山上憶良が領内に配置された防人を憐れむ歌といわれていますが、この也良というのは博多湾に浮かぶ能古島《のこのしま》の北側にある岬のことで、防人がどこに配置されていたかという具体的な地名を検証できる歌といわれています。

この能古島ですが、作家の檀一雄が終焉の地として選んだ場所です。

昔、檀一雄が生きていた時に娘の檀ふみさんがときおり訪れていたのですが、全国放送のテレビで見知った彼女を能古島行きのフェリー乗り場で見たとか、近くの商店街で買い物をしているのを見かけたと噂が広がり、近隣の男子校の校舎を揺るがせたことがあります。

島の対岸には檀一雄の最初の妻リツ子の臨終の地となった糸島を見ることができます。

《モガリ笛　いく夜もがらせ　花ニ逢わん》

檀一雄が病床で詠んだ最期の歌です。

大宰府防衛の堤防

いわゆる「白村江《はくすきのえ》」の決戦で敗れた日本軍は続々と筑紫に逃げ帰ってくるのですが、日本軍とともに筑紫の地を踏んだ亡命百済人の中には土木技術に優れた憶礼福留《おくらいふくる》と四比福夫《しひふくふ》がいました。彼らは大宰府政庁の入り口を塞ぐ形で「水城《みずき》の堤防」を築き、政庁の北に位置する大野山（四王寺山）に大野城、はるか南の基山に基肄城《きいじょう》を築いて要所の守りを固めました。

大野城からは博多湾を、基肄城からは有明海を望むことができ、ともにいち早く海からやってくる敵の侵入に備えることができたのです。

この「水城《みずき》の堤防」は堤防と名前がついているものの、博多湾から南に二〇キロほど内陸に入ったところにあり、当然の如くここに海や川があるわけではありません。「日本書紀」にも水城を築いたと出ていて、水に浮くか水に守られた城のようなものがあったのではと想像をめぐらすしかありません。

しかしながら、近年の発掘調査で緊急時には大宰府政庁の南側を流れる御笠川《みかさがわ》の水を地下の木管を通じて博多湾側に水をため、水に浮いた城の役目を果たすことがわかったそうです。現在の「水城の堤防」は樹木に覆われ、細長い丘が延びているように見えるのですが、作られた当時は土塁であったといわれています。

東西一・二キロ、二段重ねの土塁の下の部分にあたる基底の幅はおよそ八〇メートル、高さは三メートルほどもあったそうです。さらに、二段目の頂部の幅はおよそ三メートル、上下段を合わせるとその高さは一〇メートルにも及ぶというものですから、当時の構築物としては本格的です。この基底部八〇メートルに合わせて木管が貫かれ、その木管は二〇センチ厚の檜の板で作られたものでした。高さおよそ七六センチ、長方形の断面の内法およそ一一六センチという現代の水道管と比べても遜色のないものではないでしょうか。

今では田や畑、住宅や商店に変身しているものの、博多湾側に深さおよそ三メートル、幅六〇メートルの濠が設けられていたといわれ、有事にはここに水を送り込む仕掛けになっていたそうです。

大宰府政庁跡に隣接して「大宰府展示館」があるのですが、ここに「水城の堤防」を立体的に俯瞰することができる地形や木管の模型が置いてあります。飛行機やヘリコプターの無い時代、地勢的に適した位置に堤防が築かれていると自衛隊関係者からも高く評価されているそうです。

この発掘調査で興味をそそられたのは、幅およそ八〇メートルの基底部分が地盤沈下しない工法が用いられていたことです。そこには「敷粗朶《しきそだ》」といわれるムク、コナラ、カシ、クス等の樹木の枝が敷き詰められ、初夏の頃の若葉がついたままのものが出てきたそうです。およそ一三〇〇年も前の樹木が水に浸ることで生命を維持していたことに驚きをかくせません。大宰府政庁を

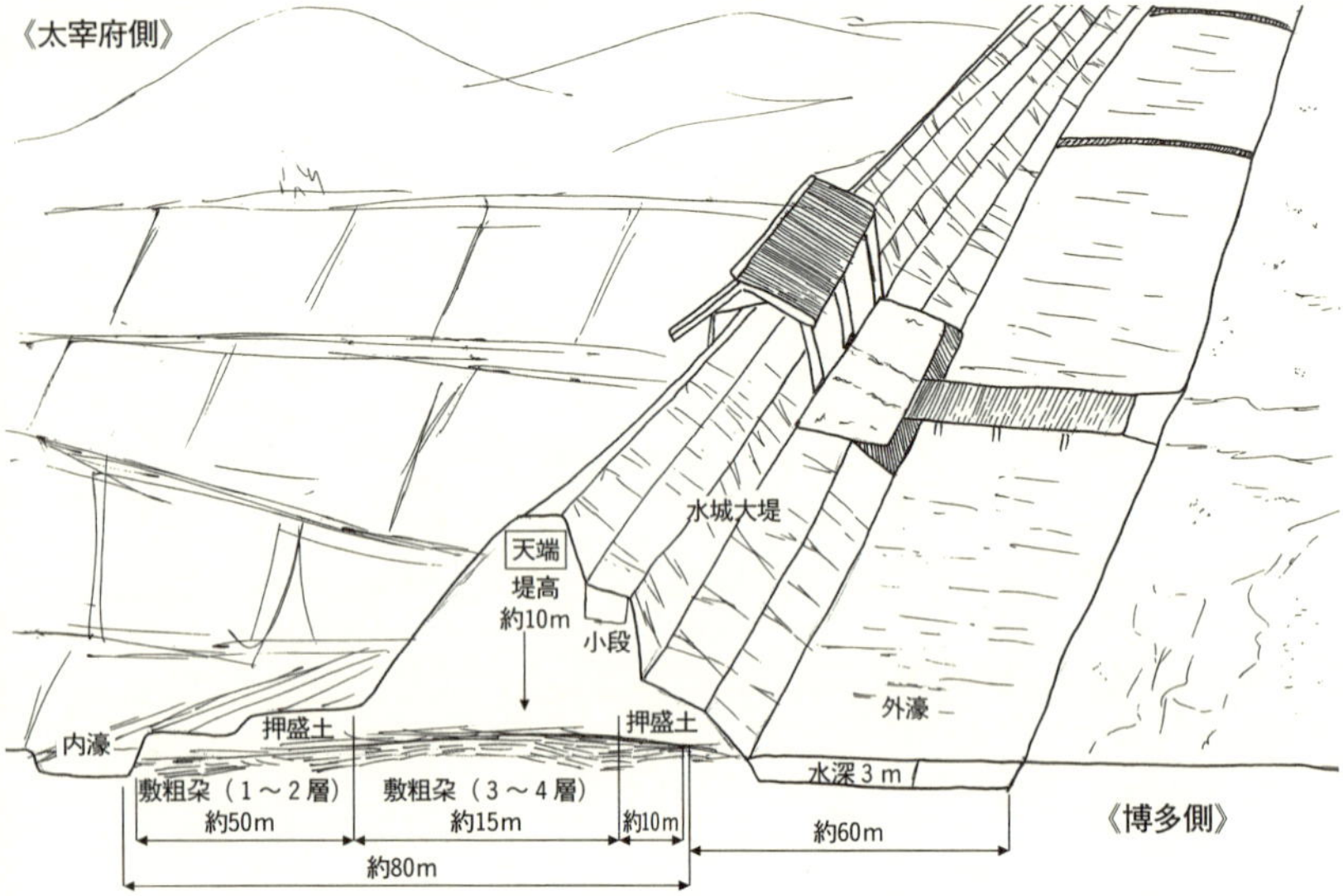

造営当時の水城の堤防。復元図、看板、資料を参照した想像図（浦辺恵・画）

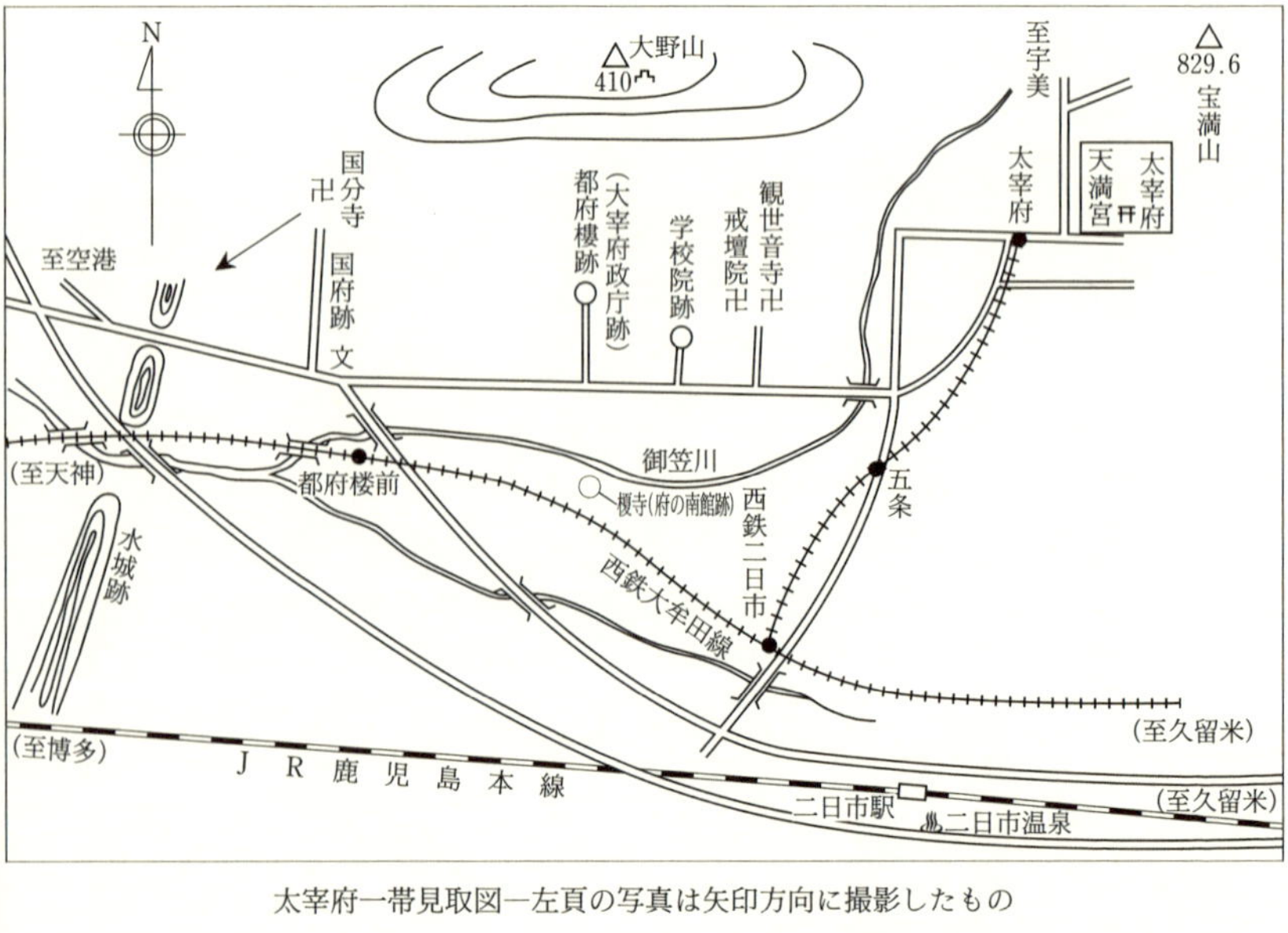

太宰府一帯見取図―左頁の写真は矢印方向に撮影したもの

太宰府の国分寺方向から「水城の堤防」を望む。住宅、商店、マンション群に挟まれて、頭頂の木立ちしか見えない（撮影位置は右頁の地図参照）

防衛するという目的で作られた「水城の堤防」ですが、古びとの壮大な計画と建築工法には感心するばかりです。

この水城の堤防は、鉄道や道路で寸断されていますが、現存する朝鮮様式の構造物として世界遺産に登録されてもいいのでは、と個人的には思うのです。

この防衛施設である水城の堤防が築かれてからおよそ六〇〇年後の鎌倉時代、文永一一年（一二七四）と弘安四年（一二八一）の二度に渡って元の大軍が九州北岸に押し寄せてきましたが、その際にもこの水城の堤防があることがしられています。

しかしながら、外交的に平和な時代が長く続いたこともあってか、いわゆる蒙古の襲来後に鎌倉幕府は改めて博多湾沿いに防塁を築きなおさなければなりませんでした。残念ながら水城の堤防は百済からの渡来人の思惑に叶う防衛施設にはなりえなかったようです。

朝廷の防衛拠点大宰府

筑紫の国、大宰府が外交、交易のみならず外敵からの守りの拠点であることを印象づけたのは、白鳳時代の六七二年、皇位継承争いとなった壬申の乱のときです。

筑紫大宰（後の大宰帥）として筑紫に赴任していた栗隈王は、出兵を要請する近江方の使者に対して筑紫に駐屯する兵は国内の賊ではなく、国外の賊から守るための兵であるといって出兵を断っていますが、このとき、半島や大陸からの侵略に敏感になっていたのにはもうひとつの理由がありました。

百済出兵の際、唐、新羅の連合軍の捕虜となった日本人たちがいて、唐の都である長安にまで連行されていたのです。この長安で捕虜たちは偶然にも唐が日本に傀儡政権を樹立しようと画策していることを耳にしてしまいます。国家の一大事として捕虜の一人である大伴部博麻《おおともべのはかま》は自身の身を奴隷として売らせ、その金で唐の謀を日本に報せるための捕虜仲間の帰国費用にあてさせたのです。その第一報が筑紫にもたらされるのは当然ですので、筑紫帥である栗隈王が兵を動かさず、唐の侵略に備えたのは言うまでもないでしょう。

持統天皇の時代六九〇年、三〇年も唐に留まり続けた大伴部博麻は留学僧等とともに帰国することができたのですが、この忠君愛国の大伴部博麻一族が天皇から篤く遇されたのはいうまでもありません。このことを考えると、先の大戦で日本の敗戦を知らずにフィリッピンのルバング島に三〇年もとどまり、謀報活動や後方攪乱行動を続けた小野田寛郎氏が帰国後に「軍国主義の亡霊」などとマスコミからバッシングを受け居たたまれずにブラジルに移民されたのとは大違いです。


大宰府政庁は唐の条坊制を取り入れ、博多湾からの外敵の侵入をいち早く発見するために後背にある大野山（四王寺山）に大野城を戴く防衛都市でもありました。今の時代からすれば嘘のような話ですが、この山には新羅からの侵略の呪詛をはね返すための呪詛返しの寺が設けられ、都から派遣された僧によって祈禱が続けられていたというのです。

この大野山（四王寺山）の周囲には百間石垣と言われる防塁が築かれ、その内側に毘沙門天（北）、広目天（西）、増長天（南）、持国天（東）と四方を祀る四つの寺があったそうです。この呪詛返しのことを知ったとき、まるで、拉致された日本人に向けて飛ばされるラジオ電波を北朝鮮が妨害電波で防いでいる様を思い浮かべました。

この大野山（四王寺山）にはもうひとつ岩屋城という城跡がありますが、これは戦国時代の西国大名の一人である大友宗麟の臣下、高橋紹運が立てこもった城です。九州の南で勢力を保持していた五万の島津軍が岩屋城を攻めた時、わずか七三六人の手勢で一四日間にも渡って攻防戦を繰り広げたというのです。この大野山（四王寺山）は敵の侵入を監視するのに優れた位置にあるだけでなく守りにも強い山であったということを如実に実証した戦いでした。

戦国時代、兵糧攻めは常套手段でしたが、この岩屋城では高橋紹運の軍勢は水までも止められてしまったそうです。それでも、生米を水に見立てて城壁からぶちまけ、城内に水があることを誇示して籠城を続けたといいますが、このときの焼けただれた米が城跡から発見されたと父から聞いたことがあります。

後年、この大野山（四王寺山）の寺に祀られた仏像のひとつである毘沙門天は風水思想でいう玄武（北方）の守護神から本来の財宝を守護する神様としてあがめられていくことになり、大野山（四王寺山）は金儲けの山というい伝えがあります。

大晦日、山の頂上にいる老婆から微小の金を借り、その翌年の大晦日に倍にして返し、その場ですぐにその金を借り直し、また返していくということを続ければ金持ちになるという話がありました。徐々に行動範囲が広がって小遣いが欲しくてたまらない中学生時代、この言い伝えを実行に移す算段を真剣に考えたのは懐かしい思い出です。

観世音寺のあたり

新羅からの侵略の呪詛返しをするかと思えば、天正十四年（一五八六）夏、戦国大名の島津氏と攻防を繰り広げた大宰府ですが、その島津氏が陣を張ったのが大宰府政庁跡の東隣にある観世音寺です。

奈良の東大寺、下野（現在の栃木県下野市）の薬師寺と並んで日本における三戒壇院といわれた由緒ある寺なのですが、子供のころは単なる遊び場所としての記憶しかありません。国宝の寺の境内で遊びほうけるなど、振り返れば贅沢なことだったと思います。

この寺は天智天皇が母の斉明天皇を弔うために建てたものですが、その斉明天皇の菩提寺がなぜ筑紫の国大宰府にあるのかが理解できません。斉明天皇は百済救援のために中大兄皇子（のちの天智天皇）を伴い、軍を率いて筑紫に至ったものの、朝倉宮（現在の福岡県朝倉市）で亡くなっているのです。これはあくまでも想像でしかありませんが、斉明天皇を弔う寺といいながら外敵の侵略から日本を守る祈念の寺でもあったのではと思うのです。

さらには、造営当時の観世音寺は七堂伽藍を擁する大規模な寺であり、隣接する戒壇院では僧侶に対する戒を授けるなど、国内外に対する権力の象徴としての寺だったのではと思うのです。大宰府政庁跡から観世音寺の周辺を散策していると、規模は異なるものの奈良の東大寺、唐招提寺、法隆寺のあたりを歩いているような錯覚に陥るのですが、現在の戒壇院は唐僧鑑真が開いたともいわれているので、寺が醸し出すオーラが同じなのでしょうね。

菅原道真公が詠まれた「不出門」という漢詩を先に紹介しましたが、このなかに「観音寺只聴鐘声」とある観音寺は観世音寺を指し、この詩文にある鐘は日本で最古の梵鐘といわれています。日本の古いものは奈良、京都にあるものとばかり思いこんでいたのですが、身近にもこのような古いものが多く残っているとは知りませんでした。

菅原道真公の官舎である「府の南館」からは大宰府政庁の甍が見え、観世音寺の鐘の音が流れてきていたとのこと。今では住宅が建ちこみ、電車や高速道路を疾駆する車の騒音が始終取り巻いていますが、静寂の中で聴く鐘はさぞかし菅原道真公の郷愁を誘ったことと思います。

風水思想の大宰府政庁

唐の条坊制を取り入れた大宰府ですが、ここは日本で最初の四神相応《ししんそうおう》の地に基づく風水思想を取り入れた都市といわれています。

観世音寺。この時、国宝の鐘は九州国立博物館に展示中

戒壇院正面。日本三戒壇院の一つ、観世音寺の西《にし》隣りにある

四神相応の地の定義としては、次のとおりです。


東に流水あれば青龍神が守り、吉相。

南は陽気漂い田野が開けて地底が平であれば、朱雀神これを守護して吉相。

西長道があり動動高きは福分厚く、白虎神これを守護して吉相。

北後に奇伏龍龍と乾から北へ、北から東へと更に巽に低く尾を引くが如く流れる山丘に包まれて南から充分に陽気を納め地は玄武神の守護し給う洵に繁栄の相。


四神相応の地や風水思想というと難しい呪文のように思われるかもしれませんが、考えとしては東南西北の各方位の色、季節、動物（空想上を含む）、守護神、地相を配した吉相の地に都市を設けるというものです。

▽東　青・春・龍・持国天・川
▽南　朱・夏・雀・増長天・平野及び沢畔
▽西　白・秋・虎・広目天・道
▽北　玄・冬・亀（武）・毘沙門天・山

四方それぞれに天地の理に適った土地が最適の場所と考えるのですが、この東、南、西、北にちなんだ文字をみていくと、すでに日本人の生活に馴染んだ言葉が発見できます。東の青と春で青春時代を表す青春、南の朱と夏で人生の盛の時代を表す朱夏、西の白と秋で結実の秋を表わしますが、詩人の北原白秋の名前に連なります。

また、北の玄（黒）と冬で玄冬となり、まさに黒く重たい雲に覆われた冬を思い浮かべるのではないでしょうか。福岡の北の沖合に広がる玄界灘も海が黒く見えることからついた名前です。大相撲でも土俵の四方に青、赤（朱）、白、黒（玄）の四色の房が下げられていますが、あれも風水思想からきたものと思います。横綱「朝青龍」の四股名などは朝日が東天から龍の勢いを得て昇ってくるという意味が込められている良い名前ではないでしょうか。

この風水思想の基礎となるものは主に亡命百済人などが齎したのでしょうが、大宰府政庁の東には御笠川という青龍、南には田が広がるという朱雀、西には水城を抜けての西海道という白虎、北には大野山（四王寺山）という玄武があります。

加えて、南の朱雀には沢畔を当てる考えもあるのですが、大宰府政庁の大路の先にある朱雀門をさらに直線的に南下すると二日市温泉街の中心をなす通りにつながるのです。平安京も風水思想に基づいていると いわれていますが、この二日市温泉と同じ考えになるのが伏見の小椋池ではないでしょうか。

さらに、風水思想にとって大事な要素が俗に言う「鬼門」です。

平安京、今の京都御所に例えれば東の青龍は鴨川、南の朱雀は伏見方面の田野と小椋池、西の白虎は山陰道、北の玄武は船岡山という四神相応の地になると思うのですが、東北の方角を押さえる鬼門封じとしては伝教大師最澄が開山した比叡山延暦寺があります。大宰府政庁における鬼門に相当する東北方向には、偶然にも伝教大師最澄が祈禱をしたという宝満山があるのです。表の鬼門が宝満山ならば、裏の鬼門には孝徳天皇の病気平癒のために大宰帥蘇我日向臣身刺が建立したといわれる塔原廃寺までもがあり、大宰府はまさに風水でいうところの四神相応の地ということになります。

そして、大野山（四王寺山）に財宝を守護する神様が祀られているからというわけではないでしょうけれども、大宰府が潤沢な財産を生み出す場であるのは大宰帥であった大江匡房《おおえのまさふさ》が都に帰任するとき、給与とは別の財宝を積んだ船を従えて帰任したという話が残っているほどです。

乱を起こした藤原純友も大宰府政庁を焼き討ちにしているのですが、交易によって保管されていた高価な薬草などを奪いとるために攻め入ったともいわれていますし、平氏にあらずんば人にあらず、と豪語した平氏一門の総領であった平清盛も大宰大弐の官職に就いています。このことは、大宰府を押さえることで富の財源である交易を自由に支配したいというあらわれでしょう。

筑前領主になることを黒田長政に勧めた石田三成をはじめ、都の官人や戦国武将たちは大陸や半島との交易による収益拡大を目的に大宰府の争奪を繰り広げました。人間の権力と金銭へのあくなき欲望のために大宰府は様々な戦火にさらされたのですが、それは国内の争いだけではなく外交的にも周辺国の政治的影響を受け、元寇にみられるように他国の侵略拠点として最初に狙われる場所でもあったのです。

大宰府政庁と鴻臚館《こうろかん》

黒田如水、長政親子は関ヶ原の戦いの後に筑前領主として福岡入りを果たしたのですが、その領主としての象徴である福岡城は福岡市の中心地である天神から西へ地下鉄で一駅のところにありました。現在、城跡の周辺は公園として整備されているのですが、かつてここには野武士軍団の異名をとる西鉄ライオンズのホームグラウンド平和台球場がありました。

話が一挙に現代にまで飛んでしまうので驚かれるかもしれませんが、昭和六十二年（一九八七）十二月、この平和台球場の外野スタンドの改修工事中にその存在場所が確定されていなかった「鴻臚館」跡が発見されたのです。鴻臚館とは外国からの賓客を迎える施設で、今で言う東京赤坂の迎賓館と考えていただければ良いのですが、建設機械がここの「瓦だまり」という不燃物類のゴミ捨て場を掘り当てました。無数の瓦片に交じって大陸や朝鮮半島産の陶器片、西アジア産の陶器、ガラス器の破片が見つかったのです。

そのほか発掘が進むにつれて銅貨や籌木《ちゅうぎ》という「糞べら」までもが大量に見つかりました。「籌木」とはトイレットペーパーの代わりをする木切れですが、深く掘った穴からまとまって出てきたことから鴻臚館にトイレが存在していたことが確認されたのです。これは日本最古のトイレではないでしょうか。

さらには、粘土と化した人糞を分析したところ、男女別のトイレになっていたそうですから、現代と変わらぬ生活慣習だったということになります。インドネシアのバリ島を訪れたとき、図工の粘土細工で用いた竹べら様のものが数本、当然のように瓶に入ってトイレの片隅に置いてありましたが、この「籌木」を使うという作法も陶器やガラス器とともにアジアから輸入されたのでしょうね。

大宰府政庁の防衛施設である「水城の堤防」には東門と西門との二つが関所のような形であったそうです。その西門から北西の方向に官道が博多湾側に一直線に延びており、その先が鴻臚館とつながっていたそうです。交易は鴻臚館で行い、朝廷への外交文書は大宰府で受け取るという二段構えの対応になっていたとか。ガラス製品が正倉院御物でしか確認できない時代に破片とはいえイスラム産のガラス片が出てくるのですから、大宰府という土地を支配して潤沢な貿易の利権にあやかりたいと権力者たちが願うのも無理はありません。

《瓜食めば　子ども念ほゆ　栗食めば　まして偲はゆ　何処より　来りしものそ

眼交に　もとな懸りて　安眠し寝さぬ》

これは山上憶良が詠んだ歌ですが、瓜や栗を食べているときに子供のことを思い出して作った歌といわれています。子煩悩な憶良の心情がよく表れている秀作と思います。

しかし、鴻臚館のトイレから「籌木」とともに多量の瓜の種が発見され、寄生虫の虫くだしとして効能がある瓜を当時の人々は多量に食べていたことが分かったそうです。このことで、実のところこの歌は、子供の腹の中の寄生虫はちゃんと出ただろうかと健康にまで気を配る憶良の親心なのではと読み替えてしまうようになってしまいました。

これも鴻臚館跡が発見されたことによる解釈の新発見と言ったら、怒られるでしょうか。

シルクロードの終着駅ともいえる博多の鴻臚館跡には展示館が設けられていますが、発掘調査はまだまだ続いているそうです。ということは、これからも文献だけからはわからない珍発見が期待できそうです。

第四章　筑前領という環境

交易拠点の博多

寛文七年（一六六七）、筑前福岡藩主三代目黒田光之の時代、藩の御用商人である伊藤小左衛門が朝鮮との密貿易を行ない、それも武器を売ったとして処刑される事件が起きました。諸外国との交易は幕府によって厳格に規制されており、朝鮮国との交易は対馬藩に全てが一任されていたなかでの事件です。

この密貿易においては、鳥銃、硫黄、鎧、槍、長刀、脇差、鉄砲薬、金などが密輸されたのですが、対馬藩からの厳重な抗議に対して朝鮮の官憲はこれらの品は朝鮮国に無いものなので、つい買ってしまったと開き直っているのです。米の石高で諸国の大名がその勢力を誇る江戸時代、四方を海に囲まれ米の収穫は望み得ない対馬藩にとって交易の出来高は藩の存立を左右するものでした。それだけに福岡藩御用商人による抜け荷は頭痛の種だったことでしょう。

現代においても商社が規制された兵器に関する技術や部品を輸出したことがニュースになりますが、一攫千金の暴利を貪ろうという根性は時代に関係がないようです。

江戸時代、鎖国とはいってもそれは表面的なものであって、九州各地の諸大名は朝鮮、中国、オランダという交易を認められていた国以外とも抜け荷を行なっていましたが、密貿易ゆえに正確な文書は残っていません。しかしながら、江戸時代に作られた九州各藩の工芸品がアジア各地、遠くは中近東にまで及んでいるところをみると盛んに交易が行なわれていたことがわかるのです。薩摩の島津氏などは琉球を支配下に置き、貿易と砂糖で藩の財政を潤すことに励んでいたのは周知の事実ですが、まるで悪代官と悪徳商人が登場する時代劇そのままの事件が九州では頻繁に起きていたということでしょうか。

時代劇といえば、今でも歌舞伎で上演される「恋湊博多諷《こいみなとはかたのひとふし》」は伊藤小左衛門がモデルといわれているそうです。

黒田如水・長政親子が筑前領を所望する以前から小早川氏、島津氏、大内氏、大友氏と時の権力者たちは競って筑前博多の争奪戦を繰り広げています。

豊臣秀吉も九州平定後、博多に入港していた南蛮船フスタの船上から交易拠点としての博多の再興を計画し、豊臣秀吉軍の参謀長格だった黒田官兵衛（如水）に灰塵と帰した博多の町の町割を行なわせています。これが博多の夏祭り「博多祇園山笠」の流れのもとになる「太閤町割り」ですが、このとき、博多を天領にしようと企む豊臣秀吉から貿易都市博多を己が手中に収めることを黒田官兵衛（如水）は画策していたのではと思えるのです。本来、西軍であった黒田氏が関ヶ原で東軍に寝返ったのも、博多を手中に収めたいが為ではなかったからでしょうか。

徳川家康は関ヶ原の戦のあと、殊勲を挙げた黒田長政の右手を両手で包み、感謝の意を示したそうです。長政はその感激を父である黒田官兵衛（如水）に伝えたそうですが、天下奪取の絶好の機会を逸した長政を叱責したというのは有名な話です。なぜ、空いた左手で徳川家康を刺し殺さなかったのかと。

この関ヶ原の戦の最中、黒田官兵衛（如水）は何をしていたかというと、九州平定において豊臣秀吉から授かった九州豊前の領地に留まり、九州各地の諸大名の城を攻め取っていたのです。将兵ともに関ヶ原に出向いてがら空きの城は簡単に落城ですが、あまりに短い期間で関ヶ原の戦いが決着したので黒田官兵衛（如水）の野望は潰えてしまいました。この官兵衛（如水）の軍略には徳川家康もさぞかし驚いたことでしょう。

そんな黒田如水、長政親子が中央から遠く離れた筑前領を所望したことは、家康からすれば願ってもないことと思います。薩摩の島津氏は「あの播磨の目薬屋（黒田氏は目薬商売で興隆した）が博多にいるのが癪にさわる」と言っていたほどですから、島津氏を九州の南端に押さえ込む格好の抑え役だったのでしょう。

ちなみに、黒田官兵衛（如水）は諸大名が続々と関ヶ原に軍を送り込んでいる間に領内の農民を傭兵として集め、西国大名の城を攻め落としているのです。知謀湧くがごとくと秀吉や家康から評された黒田如水ですが、幕末、長州の高杉晋作が農民主体の奇兵隊を率いた発想の原点はここにあるのではないでしょうか。

平時の博多と有事の博多

慶長八年（一六〇三）に江戸幕府が開かれてからは長崎県の平戸においてオランダ、イギリスとの貿易が行なわれていましたが、寛永十四年（一六三七）に始まった島原の乱に端を発したキリシタン迫害の後、鎖国という道を幕府は選択しました。

長崎出島での交易を行なっていたポルトガル人は放逐され、オランダ、清国（中国）との交易は長崎出島、朝鮮との交易は対馬の宗氏による独占交易となってしまいました。このため、半島や大陸、アジアとの交易を目論んでいた黒田氏の筑前領所望の目的はもろくも崩れ去ってしまったのです。豊臣秀吉の九州平定においては博多の復興となる町割りを行ない、筑前よりも更に石高のある領地を与えるという徳川家康の申し出を断ってでも手に入れた筑前領入手の目的が崩壊したのですが、この鎖国令は日本の安泰を図るのみならず、黒田氏の反抗を恐れる徳川幕府にとって願っても無い処置だったのでは、と考えることがあります。

とはいいながら、薩摩の島津氏は琉球を通じての交易で潤い、小藩ながらも対馬の宗氏は釜山に倭館《わかん》を設けて日本における朝鮮人参の独占販売で藩の財政を賄っていました。

南の薩摩、北の対馬の交易による利潤を横目で眺めているほど黒田氏は甘くはありません。歴史の教科書では鎖国体制の日本において貿易は限られたものだったとありますが、商人を使っての交易、つまり抜け荷が行なわれていました。その代表格が黒田氏の御用商人伊藤小左衛門といわれています。

この御用商人伊藤小左衛門一味の処刑にあたっては福岡藩だけではなく筑後柳川藩の御用商人までもが含まれていました。西国大名が一致団結して密貿易を行なっていることに驚きますが、柳川の立花公は豊臣秀吉の朝鮮の役以前から朝鮮王朝と深い関係にあったといわれています。一説によると柳川藩領では当時の高級漢方薬である朝鮮人参の栽培までもが試みられていたといいますから、戦国大名は戦闘能力もさることながら、ある意味ビジネス感覚に長けていなければ生き残れなかったのでしょう。
ともあれ、この密貿易摘発にあたり当事者はもとより伊藤小左衛門の幼い後継ぎの子どもたちまでもが処刑されたといいますから、現代の麻薬の密輸以上に厳しい処分だったことがわかります。

交易による莫大な富を得ることができる平時はいいのですが、一旦、大陸の政権が崩壊し政治的に不安定になると真っ先に災いに巻き込まれるのも博多でした。

朝鮮戦争の折、今の福岡空港は板付基地と呼ばれるアメリカ軍の前線基地でしたが、爆弾を搭載したジェット戦闘機が次々と飛び立っては帰来していたそうです。サイフォン式のコーヒーメーカーにアルコールランプをセットして飛び立ち、一発の爆弾を落として基地に戻るとちょうどコーヒーが出来上がっていたと冗談ともつかぬ話を聞いたことがあります。

昭和五十年代頃(一九七五頃)、貧乏学生がヨーロッパに渡るときの格安ルートはシベリア鉄道を利用するか、大韓航空機でフランスのパリに入るものでした。福岡空港からプサン経由ソウル行きに乗り、ここでアンカレッジ経由パリ行きに乗り換えるのですが、プサン空港は軍との共用でもあったため着陸前に機内のカーテンを閉めさせられるほどの厳戒態勢でした。福岡空港を大韓航空機で飛び立って三〇分そこらのところに前線基地のひとつがあることに緊張が高まりましたが、さほど、朝鮮半島と九州との距離が近いということです。今でも博多港と韓国の釜山港とをジェットフォイルの高速船が結んでいますが、時間にして三時間です。このジェットフォイル、時速八〇キロで巡航する高速船ですが、開発当初の目的は兵員の高速輸送用ですので、もしかしたら有事に備えての民生への転用なのかと勘ぐりたくなります。

ちなみに、いまや日本全国に展開しているロイヤルホストの発祥の地が福岡空港であるというのはご存知ですか。

福岡空港にはカフェテリア方式のロイヤル（皆さん短縮してロイホと呼ばれますが博多ではロイヤルと呼んでいます）があるのですが、ここの壁面に米軍機などが描かれた絵があり、そこに説明書きもついています。

出発前のあわただしさもあってか、ほとんどの方は気づきもしませんが。

蒙古の襲来

韓国の釜山港とを結ぶジェットフォイルの発着地がある博多港の西側に、愛宕山《あたごやま》という山とは名ばかりの小高い丘があります。福岡市の中心地である天神から地下鉄で一〇分ほどに最寄りの室見《むろみ》駅があり、そこから徒歩一〇分で山頂に至ります。

サザエさん発案の地の看板。西南学院大学から福岡市立博物館に至る交差点脇にある

この標高六〇メートルの愛宕山山頂からは博多湾を一望でき、能古島や金印発掘で有名な志賀島《しかのしま》までをも眺めることのできる場所です。眼下には福岡ドームやホテル、住宅などが建ち並んでいますが、そこがかつて百道浜《ももちはま》という浜辺であったことを知る人は少なくなりました。百道浜はその昔、海水浴場としての賑わいをみましたが、毎週日曜日の定番番組である「サザエさん」発祥の地であることを覚えている人が少なくなったのは残念です。いまや東京世田谷の桜新町が「サザエさん」の舞台になってしまいましたが、サザエ、波平、フネ、カツオ、ワカメと海にちなんだキャラクターが登場する理由はこの百道浜にあります。

現在、愛宕山山頂には愛宕神社が祀られて

いるのですが、かつてはここが有事における鷲尾城という城があった場所だったのです。

博多を襲った代表的な有事といえば「神風」が吹いた元寇です。

蒙古、今のモンゴルは強大な軍事力で西に東にと勢力を伸ばし、ついには隣国の南宋、高麗までをも支配下に置き、更には日本までをも制覇しようと企んでいました。

そして、文永十一年（一二七四）、ついに蒙古の軍勢が博多に襲来したのです。

蒙古軍は朝鮮半島から対馬、壱岐を経由しながら博多湾に侵入し、行く先々で殺戮と強姦、俘虜は奴隷として連れ去っていったのです。いまでは流石に耳にすることはなくなりましたが、子どもの頃、遅くまで遊んでいると古老たちからは「早う家に帰らんと、モックリコックリに連れていかれるバイ」と脅されたものでした。が、はたしてモックリコックリとはなんだろうと思いながらも、そそくさと家路を急いだ記憶があります。

後に、モックリコックリとは蒙古、高麗（高句麗）のことと知るのですが、七〇〇年以上も前の出来事が生活の中に生き残っていることに驚きましたが、さほど蒙古軍が残虐だったということの表れです。

しかし、この傍若無人の集団も一夜の暴風雨によって跡形も無く海の藻くずとなって消え去ってしまいました。人間業とは思えぬ出来事に人々は神の加護と固く信じ、以後、起死回生の一撃を「神風」と呼び続けたのです。

さらに、弘安四年（一二八一）、再び蒙古の軍勢が博多を目指して押し寄せてきました。この時の軍船には占領地を開墾するために農民や農具までをも積んできたといわれていますが、前回同様、「神風」によって一夜にして消え去っています。時おり、玄界灘に面した九州北西岸の海底からは蒙古の軍船が発見され、蒙古軍の鉄兜や武器の「鉄はう」などが引き揚げられることがあります。

その昔、まだ博多湾周辺の海が澄んでいた頃、生きる化石といわれるカブトガニが棲息していましたが、これは「神風」で海に沈んだ蒙古軍の兵士がカブトガニとなって棲みついたと、まことしやかに言われたものでした。カブトガニの様が蒙古軍の鉄兜に似ているからなのでしょう。

今では開発の波に洗われカブトガニの姿形はありませんが、博多湾沿いの海岸線には元寇防塁の一部が残っています。

サザエさんで思い出しましたが、大伴旅人が任地の大宰府で妻を亡くしたとき、朝廷から弔問使が遣わされています。

その弔問使の名前が石上堅魚《いそのかみかつお》というのですが、ついイソノカツオを連想してしまいました。朝廷の弔問使になるくらいですから、優秀なカツオ君だったのでしょうね。

《ほととぎす来鳴きとよもす卯の花の共にや来しと問はましものを》
万葉の時代のイソノカツオ君が大伴旅人と大宰府の南にある基肄城に出かけたときに詠んだ歌です。

海を隔てての攻防戦

建治二年（一二七六）、元寇の再来に備えて鎌倉幕府は御家人たちに命じて防塁を築かせましたが、弓なりの博多湾沿いに延々二〇キロほども続いていたというのですからいかに長大なものだったかがわかります（万里の長城に比べればはるかに短いのですが）。

現代からすれば笑い話になるかもしれませんが、高さおよそ二メートルから三メートル、防塁の上の幅も同じくらいあったそうですから、当時の土木技術からすれば大した難工事だったと思えます。工事を割り当てられた武士団や荘園にとっては、さぞかし迷惑な出費だったことでしょう。

博多湾を一望できる愛宕山から地下鉄で二駅天神方面に戻ると西新《にしじん》という駅があります。ここからサザエさん発祥の地である百道浜に至ることができるのですが、今は埋め立て地であるために海を臨むことも潮の香りすら漂ってきません。西南学院大学や高校の校舎、グラウンドに松林が続いていることで以前は海辺であったことをわずかに偲ぶことができるほどです。

西南学院大学　第１号館ライトコートの元冦防塁。土塁、防塁（土〈粘土と思える〉に石を積み上げている）と二段構えのものはここだけのもの

近年、この西南学院大学の校舎建設中に元寇防塁がみつかり、遺跡として復元されました。一般にも公開されていますが、この遺跡で特異なものはその構造物としての高さや大きさを実感できることに加え、石積みの防塁の一メートルほど後方に基底一・五メートル、高さ一・三メートルの土塁が発見されたことです。この後方の土塁がなにを意味するのかはわかりませんが、他の諸国が受け持った防塁にはみられない新発見だそうです。この復元された防塁と土塁をみながら、水城の堤防のように防塁と土塁の間に水を貯めるための溝なのだろうか、空濠だったのだろうか、はたまた土塁の上に立って防塁をよじ登ってくる敵を容易に弓で射るための足場だったのだろうかと想像を膨らませました。元寇防塁は短期間に作り上げなければならなかったために、盛り上げた土に石を乗せたもの、本格的な石垣のものなど受け持った武士団によって作り方が異なっているそうですが、ここの防塁をどこの武士団が請け負ったのかはわからないそうです。

この西南学院大学の元寇防塁の近くにも国指定の元寇防塁が史跡として残っていますが、上から覗き込むかたちになっているので防衛施設として想像できないのが残念に思います。

元寇のように攻められるばかりの博多ではなく、豊臣秀吉のように博多を兵站基地として唐津《からつ》の名護屋城から朝鮮半島を経由して明に攻め込もうとした武将がいたことも確かです。豊臣秀吉は博多に来航する南蛮船、大陸や半島からの交易船をみて更なる富と権力の野望を抱いていたのだと思います。
そんな豊臣秀吉の野望を叶えるために、朝鮮に攻め込んだ小西行長、加藤清正軍の殺戮は残虐であったといわれ、特にキリシタン大名であった小西行長にはポルトガルやイタリアの奴隷商人ですらあまりの蛮行に驚いたといいます。俘虜となった朝鮮人をその場で買い取っていった血も涙もない奴隷商人がそのように言うのですから、どれほど残虐であったかということでしょう。博多における「モックリコックリ」という言葉同様、現代の韓国でもこの豊臣秀吉軍のことを悪魔同様の呼称をするのは当然かもしれません。

斉明天皇の時代、六六〇年、百済は唐、新羅の国に攻められ日本に救いを求めてきたことはお話しました。この百済出兵における唐、新羅軍との最終決戦となったのが朝鮮半島の東岸、白村江《はくすきのえ》でした。唐と新羅の連合軍との戦いに敗れ、六六三年、百済の国も滅んでしまいましたが、このとき、最終決戦である白村江の戦いで捕虜となった大伴部博麻《おおともべのはかま》は持統天皇の時代（六九〇年）に留学僧等と一緒に帰国し、従七位下の官位、水田、綿、布、稲などを与えられ、三代に渡って課役を免除されています。今でも忠君愛国者として大伴部博麻を顕彰する碑が福岡県の八女《やめ》に残っていますが、ヨーロッパの奴隷商人に売り捌かれ帰国すらできなかった朝鮮人奴隷は哀れとしか言いようがありません。

とはいいながら、王族と両班《ヤンパン》という貴族が住民の生殺与奪権を握っている厳しい身分制度の朝鮮でしたので、加藤清正、小西行長の軍勢の後から奴隷に近い下層階級の朝鮮人がつき従い、身分を抹消するために戸籍が保管してある倉庫に火をかけたりしているのも確かです。有田焼や薩摩焼の陶工などは朝鮮の役で出陣した大名たちが朝鮮から連れ帰ってきたものといわれていますが、なかには役が終わって数年の後に日本に移り住んだ陶工もいたとのこと。

そして、徳川家康の時代に朝鮮との国交回復交渉で捕虜の送還の際、朝鮮に還ることを拒んだ俘虜もいたそうですから、相当厳しい身分制度が朝鮮にあったということですね。

ともあれ、豊臣秀吉の軍勢のみならず半島から大陸沿岸を荒らしまわる倭寇《わこう》もいれば、寛仁三年（一〇一九）の「刀伊《とい》（女真族《じょしんぞく》）の入寇」のように九州北西岸を襲撃し、人々を奴隷として連れ去り、食肉用の牛馬の略奪に明け暮れた大陸の蛮族もいました。

白村江の戦勝国である唐の郭務悰《かくむそう》が敗戦後の日本に対して強大国としての示威行為に及ぶ場合もあり、外交機関があった大宰府はとかく大陸の政治情勢に振り回される地域であったのは確かです。

第五章　五卿と維新前後

黒船の襲来

弘化・嘉永期（一八四四～一八五四）、佐賀藩と福岡藩との間で一〇年近くも争議の種となっていた政治問題が決着しました。

寛永十六年（一六三九）、諸外国との交易は朝鮮、中国、オランダのみに限るという鎖国令が江戸幕府から出されましたが、正保四年（一六四七）にオランダとの交易競争に敗退したポルトガル船が再度の交易を求めて長崎に来航したのです。いわゆる「長崎黒船来航事件」ですが、この事件を契機に幕府は佐賀藩と福岡藩に一年交代で長崎警備を命じています。この長崎警備は佐賀、福岡両藩にとって西洋文明の吸収という利点がある反面、予想外の財政負担を強いる原因にもなったのです。

財政負担の反対給付である西洋文明の吸収として、食いしん坊にたまらないのが長崎名物のカステラだと思います。小麦に鶏卵、砂糖と当時の日本ではなかなか使わない原料のお菓子ですが、ポルトガル人やオランダ人、スペイン人などが長崎にもたらした南蛮菓子の代表です。これら南蛮菓子の製法は佐賀にも伝わり、「丸ボーロ」というカステラの親戚のような焼き菓子になりました。

そして、「博多どんたく」という五月のゴールデンウィーク期間中最大の人出となる祭りがありますが、この「どんたく」はオランダ語の休日という意味のゾンタークからきたものです。今のように週休二日が定着する以前、土曜日は午後から休みでしたが、この土曜日のことを半分の休日ということで「半ドン」と呼んでいましたね。

他にも、北原白秋の詩にも登場しますが、九州の一部の地域ではカボチャのことを「ボーブラ」と呼ぶのです。これはポルトガル語の「カボチャ・ボーブラ」から転じたもので、カボチャはポルトガルの植民地だったカンボジアが訛ったものといわれています。

関西ではカボチャのことを南京と呼びますが、これは中国ルートで入ってきたからでしょう。

そして、なんといっても日本人に馴染みがあるのが「ジャガイモ」でしょう。ジャガタラ（今のインドネシア）からもたらされた芋ということで、「ジャガタライモ」がなまっての「ジャガイモ」です。

話が大きくそれましたね。

このポルトガル船の長崎港への侵入事件から発展した長崎警備について、さらに佐賀藩、福岡藩の財政を圧迫するような事件が続発しました。文化五年（一八〇八）、オランダ船に偽装したイギリスのフェートン号が長崎港に侵入した事件です。

この事件が起きる以前、イギリスでは産業革命が起こり製品を輸出する植民地や市場の獲得に奔走していました。綿製品を植民地のインドに輸出し、そのインドからはアヘンを清国（中国）に輸出し、清国（中国）からはお茶を輸入するという三角貿易をイギリス東インド会社が盛んに行なっていたのです。イギリスの植民地であったアメリカは独立をし、その独立を支援したフランスでは革命が勃発し、イギリスとフランスの戦争のはざまでイギリス側についたオランダはフランスに占領され、次々と連鎖するドミノ倒しのようにオランダ国王はイギリスに弾き飛ばされてしまいました。その結果、オランダが持っていた植民地や交易の権益をイギリスに開放することになったのですが、清国（中国）から近い長崎での交易の権利を履行しようとしたその余波がフェートン号事件でした。

この事件はイギリスが出島のオランダ商館員たちを人質に取るという、極東の島国である日本にヨーロッパの政治的影響が直接に及んだ象徴的な事件と思います。長崎警備によって西洋の近代兵装を知ってはいても、装備と力に劣る佐賀、福岡の両藩はイギリスの蛮行になす術もなく、事件後には長崎警備の年当番であった佐賀藩の家老が責任をとって切腹しているほどです。

このイギリスの「フェートン号」が侵入してくる以前においても、ロシアのレザノフ一行が文化元年（一八〇四）に長崎に来航し、通商を求めてきています。このときは幕府の意向を伺うだけで延々半年にも及ぶ江戸と長崎との行き来で終わり、いたくレザノフを立腹させてロシア使節一行は立ち去っていきました。

これだけでなく、日本近海にはアメリカの捕鯨船団や欧米諸国の船が寄港を求めてくるようになっており、幕府としてはその対策として文政八年（一八二五）に異国船打払令を出しています。

諸外国に翻弄される江戸幕府

天保十一年（一八四〇）、日本と交易を行なっていた清国（中国）がいわゆるアヘン戦争でイギリスに負けたという情報がもたらされると、幕府は方針変更をして「異国船打ち払い令」を撤廃しました。ただちに「薪水給与令」を発し、日本近海に現れる異国船に対応するようになったのです。この動きに敏感に反応したのは交易国のひとつであるオランダですが、弘化元年（一八四四）にオランダ国王の特使が長崎に来航し、開国と通商を幕府に勧告したのです。

このオランダ国王の特使派遣の陰には、国禁の品々を国外に持ち出そうとして失敗し強制退去処分をくらったシーボルトがいました。シーボルトについては日本に近代医学を普及させた人として語るに及びませんが、アヘン戦争による清国の敗北を聞いた彼は鎖国政策の緩和が日本の危機を救うものと信じていたのです。しかしながら、本音として、日本の開国政策により長崎に残してきた妻子に再会できるのではという淡い期待が含まれていたのではと思えてしかたありません。

このオランダ国王の勧告に対し、時の老中阿部正弘は長崎奉行の井沢政義に長崎港外の神島《かみのしま》、高鉾島《たかほこじま》はもとより伊王島《いおうじま》にまで新しい台場を設けるようにと命じたのです。この台場という防衛陣地の建設については長崎警備を受け持つ佐賀藩、福岡藩に求められたのですが、藩の財政改革に苦慮していた福岡藩は台場構築の負担額軽減を求めて幕府に仲裁を依頼したのです。それが解決までに一〇年もの期間を要した「佐賀示談」と呼ばれる政治事件でしたが、この政治決着をみた前年の嘉永六年（一八五三）、浦賀沖にアメリカのペリー艦隊が出現しています。

オランダ国王の親書にはアメリカの艦隊が日本にやってくるということまでも記されていたそ

うですが、発端は幕府によるアメリカの捕鯨船員の非人間的な扱いに対する抗議だったとか。ともあれ、元寇と同じく、外圧によって財政負担が増し、時の幕府（政府）が翻弄されるというのはいつの時代も同じですね。

このペリー艦隊一行の通訳をしたのが長崎のオランダ通詞《つうじ》ですが、たまたまペリー艦隊の乗組員の中にオランダ語を話せる人物がいたために交渉が進んだわけですが、そうでなかったらどのような言語を用いたのだろうかと想像をめぐらすことがあります。

それでも、オランダ通詞たちはオランダ語の文法書を翻訳し、それをもとに蘭英辞典、蘭仏辞典などから英語、フランス語、ロシア語を学んでいったといいますが、このオランダ通詞の一人であった志筑忠雄《しづきただお》が「鎖国」という言葉を翻訳しているのは一興です。この志筑忠雄ですが、日本の言語学史上比類ない枢要な位置を占めているとオランダ人も絶賛しているのですが、肝心の日本では評価の対象になっていないのが不思議です。

ちなみに、日本語として定着しているオランダ語は多々あるのですが、おてんば娘の「おてんば」は、オランダ語のOntembaar「御しがたし」＝いうことをきかない、という意味です。

真木和泉守保臣の先見性

ペリー艦隊来航の時を同じくしてロシアのプチャーチンも長崎に来て通商を求めています。江戸湾に侵入し、威圧的な黒船艦隊のペリーに対してロシアのプチャーチンは極めて紳士的であり、それ以前に来航したロシアのレザノフ使節も屈辱的な幕府の対応に呪いの言葉を吐いて帰国したものの、報復措置に出るということはありませんでした。このような日本に対する両国の対応の相違から、日本国内ではロシアを仁義の国とみる親露的な風潮が浸透していったといいます。しかしながら、この日本国内に蔓延する親露的な世相に異を唱える人物がいました。今でも東京都民に親しまれる東京水天宮の本宮である久留米水天宮二十二代目宮司であった真木和泉守保臣がその人です。

「おそれ入谷の鬼子母神」と並んで江戸っ子が崇拝したのが「水天宮」です。

東京の都心を走る地下鉄半蔵門線に「水天宮前」という駅がありますが、今でも安産と水難除けとして東京水天宮は人々の崇敬を受けており、久留米藩主である有馬の殿様が領地にある水天宮を江戸屋敷内に分祀したのが東京水天宮の始まりです。江戸の庶民は久留米藩の藩邸の外から賽銭を投げ込んで参拝していたほど水天宮の人気はたかく、それを知った有馬の殿様が月に一度、屋敷の門を開いて江戸庶民に参拝させたところから「情けありま（有馬）の水天宮」としゃれて呼ばれるようになったそうです。

この水天宮ですが、壇ノ浦の合戦で滅亡した平家の霊を慰めるために久留米の筑後《ちくご》川河畔に建てた庵が始まりで、平清盛の曾孫になる平右忠《たいらのすけただ》が初代の水天宮宮司といわれています。

真木和泉守保臣はペリー来航から文久二年（一八六二）のイギリス公使館東禅寺襲撃事件までを『異聞漫録』四巻にまとめているのですが、この中でロシアはシベリア、カムチャッカの経済政略上の都合で日本に誼を求めているだけで、ロシアの意向に従うと後々、容易ならぬ危険があると述べているのです。一方のアメリカに対しては大臣級の人間を派遣し、武器などを輸入すべきであると論じているのです。

また、天皇親政のもと、政治と教育を正しく行い、衣食住を安定させ、礼を正し、農商工を発展させ、食料の備蓄をと唱えています。情報が瞬時にして駆け巡る現代ならいざ知らず、九州の僻陬の地にありながら、日本を取り巻く外圧について考えをまとめることができる人間があの時代にいたことに驚くばかりです。

ある時、地下鉄半蔵門線水天宮前駅の近くにある「明治座」に「母に捧げるバラード」の芝居を連れ合いと観に行ったことがあります。東京で聞く武田鉄矢さんの博多弁に懐かしさとおかしさで半泣きでしたが、その芝居見物のあとで水天宮に参拝しました。後日、知人に水天宮に行ったというと「おめでたですか」と言われた時には閉口しました。

真木和泉守保臣を生んだ久留米という風土

真木和泉守保臣は父の死によってわずか十一という年齢で家督を相続し、水天宮宮司に就いています。父旋臣《としおみ》の時代、文政元年（一八一八）に久留米藩主有馬頼徳《ありまよしのり》の命によって江戸藩邸に水天宮が分祀されましたが、これが現在の東京水天宮の始まりです。旋臣はその功により士分に取り立てられることになったのですが、この士分という家督を継ぐにあたって真木和泉守保臣は藩主有馬頼徳の謁見を許されるのですから久留米藩における水天宮の扱いが高いものであることが分かります。

しかし、真木和泉守保臣はその士分ということから久留米藩の藩政改革派に与し、その保守派との抗争の責任を求められ、蟄居を命じられています。その蟄居を命じられた先は弟の理兵衛《りへい》が養子にいった水田《みずた》天満宮の大鳥居家でした。水田の地は久留米からほど近く、近在の子ども相手に様様な教育を施していた理兵衛の手伝いをしながら真木和泉守保臣は蟄居謹慎生活を過ごしています。その蟄居先を「山梔窩《くちなしのや》」と名づけ、無用な口出しはしないという「口なし」にかけて沈黙の生活を送っていたそうです。

真木和泉守保臣の弟理兵衛が養子に行った水田天満宮は太宰府天満宮と同じく菅原道真公を祀

ったものであり、その縁からか、保臣のもう一人の弟は太宰府天満宮の社家《しゃけ》である小野氏倫《おののうじとし》の養子となり、小野加賀を名乗っています。

この水田天満宮は嘉禄二年（一二二六）、後堀川天皇の勅命で建立されたのですが、もともとは太宰府天満宮の荘園だったところです。のちに新撰組となる浪士組を結成した清河八郎も『潜中始末』にこの水田天満宮のことを記しているそうですが、真木和泉守保臣、清河八郎、もうこの人物たちの名前が出てきただけで幕末のきな臭さが漂ってきそうな雰囲気です。

ここで少し、真木和泉守保臣を生んだ福岡の久留米についてお話をしたいと思います。

水鏡天満宮のある福岡の天神から西鉄電車の特急に乗って三〇分ほどで西鉄久留米駅に到着します。九州一の大河である筑後川河畔に繁栄した都市ですが、ここが世界へと飛び出ていったブリヂストンの創業の地であることを知る人は少なくなりました。社名のブリヂストンは創業者である石橋正二郎の石橋（英語のストーンとブリッジ）から付けられたのですが、その石橋家は真木和泉守保臣と同じ久留米藩士の末裔といわれています。両者とも早くから広く世界を見ることに長けていたようですが、上海事変で軍神となった「爆弾三勇士」を生んだ工兵第十八大隊もこの久留米にあり、勇猛果敢な武士を輩出するという印象があります。

そして、いまや豚骨ラーメンは博多というイメージがありますが、その発祥は久留米にある

「南京千両」という屋台にあります。小学生の時、伯父に連れられてこの豚骨ラーメンを口にしましたが、あまりのうまさに言葉が出ませんでした。芸術的にも坂本繁二郎、青木繁という画家を生んだ土地柄ですが、今では歌手の松田聖子さんの出身地といったほうが通りがいいでしょうね。

寺田屋の変

水田に蟄居となり、手足の自由を奪われた真木和泉守保臣ですが、日本全国が尊皇攘夷に揺れる政変を格好の機会とみて脱藩を決意。京の都を目指していったのですが、その最中において共に脱藩した弟の大鳥居理兵衛は捕らえられ久留米に護送途中、自刃して果てています。更には太宰府天満宮の社家に養子にいった弟の小野加賀も連座して禁固となっているのですから、江戸時代、身内から政治犯を出すと本当に厳しい処分をするものですね。

その弟たちの不遇を知りながらも真木和泉守保臣は文久二年（一八六二）には薩摩藩の有馬新七等と京都伏見の寺田屋において倒幕の決行をはかり、失敗の末に薩摩藩に拘束されています。薩摩藩としても脱藩浪人とはいえ、他藩の人間を拘束するという対応に苦慮したことでしょう。

そのクーデターの舞台となった寺田屋は坂本竜馬の常宿として知られていますが、今でも京都伏見において旅館として営業を続けているのには驚きというか、感心するばかりです。もともと船宿だった寺田屋ですが、今では旅館の前の川はコンクリートで護岸工事がなされて往時をしのぶものは皆無ですが、薩摩藩士が有馬新七を刺し貫いた大木が残っていたり、刀傷、ピストルの弾の痕が残る柱があったりと、なかなかリアルです。

話は少しそれますが、大阪の淀屋橋には緒方洪庵が開いた蘭学塾の「適塾」がありました。日本全国の秀才が送り込まれて蘭学を学んでいたのですが、その中には福沢諭吉、大村益次郎など新生日本の国家を形成した人材が学んでいました。この「適塾」の二階には塾生が起居する大部屋がありますが、その部屋の柱にはいくつもの刀傷が残っています。尊皇攘夷で揺れる幕末期、藩命を受けて勉学に励まなければならない若者たちが、憂国の情抑えがたく切りつけたものだそうです。

ちなみに、この「適塾」には「ヅーフ部屋」といってオランダ語の医学書が据えられている部屋があり、コピー機が無かった時代、塾生たちは先進の医学を吸収するために競って筆写に励んだといいます。その「ヅーフ事典」はヨーロッパの戦乱で本国との交通が途絶えた長崎出島の商館長ヅーフが日本側に提供したものですが、戦争の余波が思わぬ恩恵をもたらした珍しい逸品です。

あの漫画家手塚治虫の先祖も適塾で医学を学んでいたそうですが、このことは手塚治虫の『陽だまりの樹』という作品に伝記風に描かれています。

文久三年（一八六三）、一旦は脱藩によって身のおきどころがなかった真木和泉守保臣も解囚となり、学習院出仕となって攘夷急進派公家の代表である三条実美《さんじょうさねとみ》公のもとに身を寄せることになります。この時代、多くの脱藩浪士は学習院出仕という身分を得て尊皇攘夷運動に活躍することになるのですが、真木和泉守保臣は学習院出仕の第一号の人だそうです。この学習院出仕という役職、脱藩浪人のためとはいえ、なかなかうまい方便があったものと感心します。

しかしながら、異人嫌いの孝明天皇から攘夷の詔勅は出たものの、攘夷の決行を渋る幕府に対して長州藩の後ろ盾を得た三条実美公等は強く倒幕を主張していました。王政復古に強い意欲を感じていなかった孝明天皇は京都守護職の松平容保《まつだいらかたもり》、薩摩藩に御所の警備を命じ、急進派の三条公等を謹慎処分、長州藩の堺町門の警衛を解任します。このことで、一時は時流に乗ったかに見えた急進派公卿七名が京の都から長州へと下っていきました。三条実美を筆頭に三条西季知《さんじょうにしすえとも》、東久世通禧《ひがしくぜみちとみ》、四条隆謌《しじょうたかうた》、壬生《みぶ》基修《もとなが》、澤宣嘉《さわのぶよし》、錦小路頼徳《にしきのこうじよりのり》の七公卿で、いわゆる、七卿落ちですが、真木和泉守保臣も三条公につき従い長州へと落ちていきました。このあたりは菅原道真公か平氏の一門かというほど悲しい西下です。これを知った真木和泉守保臣の弟の小野加賀は長州へと向かい、久しぶりに長兄との再会を果たしています。

このとき、小野加賀は子息の小野隆助を帯同していて、ともに三条実美公の謁見を許されるという栄誉に恵まれているのです。

ところで、京都伏見の「寺田屋」ですが、幕末の「鳥羽・伏見の戦い」で炎上し、隣接する土地に建てなおしされたものとの見解が出ています。しからば、現存する刀傷や弾痕は誰が付けたのでしょうか。疑問が残ってしまいました。

平野國臣《ひらのくにおみ》の恋歌

《わが胸の燃ゆる思いにくらぶれば煙はうすし桜島山》

初めてこの歌を目にしたとき、なんとダイナミックな歌だろうと思いました。

福岡藩を脱藩したのち、薩摩において平野國臣が自身の尊皇攘夷思想を歌にしたものといわれています。

《ゐみし船やがて波間に打しつめ帆影も見らぬ御世になさはや》

これも尊皇攘夷思想のオーガナイザー的役割を担っていた平野國臣の歌です。さすがに桜島の噴煙同様、宣伝広告マンとしての力のこもった歌と思います。

ところが、この歌を詠んだ平野國臣という志士の人物像がなかなか見えてきません。西郷隆盛が勤皇僧の月照《げっしょう》を抱いて薩摩の錦江湾に入水したとき背後で横笛を吹いていたとか、大老井伊直弼を水戸浪士たちが襲撃する計画を事前に知っていたとか、事件の陰に平野國臣の名前が出てくるのですが、この人の人物像が見えないのです。

平野國臣は福岡藩の下級藩士の次男として生まれたのですが、父の吉郎右衛門能栄《よしろうえもんよししげ》が百数十回も福岡と江戸とを往復する役目を得ていたところから土産話と称して江戸や京の新情報に触れる環境にあったのではと思います。

また、國臣自身、福岡藩の普請役として太宰府天満宮楼門の修理、宗像大社の営繕を受け持つのですが、宗像大社において薩摩藩士の北条右門と知り合い国事を論じ尊皇思想に傾倒していったといわれています。日常生活においても月代《さかやき》を剃らずに総髪という風貌でしたが、これは王政復古、いわゆる天皇親政を体現したものといわれ、このことだけでも桜島以上に熱い男だったというのがわかります。

そして、平野國臣は筑後の水田《みずた》に蟄居していた真木和泉守保臣をひそかに訪ねて尊皇思想についての理論、国体のありかたについて深く学んだ形跡がみられます。他にも清河八郎との連絡係を受け持つなど、自由を奪われた真木和泉守保臣の手足となって動いているのですが、生き残ることができたならば維新のアドバルーンとしてもっと脚光を浴びただろうにと思います。

《みよや人嵐の庭のもみちはいつれ一葉も散すやはある》

文久三年（一八六三）十月、平野國臣は三条実美公とともに西下してきた澤宣嘉卿の挙兵にともない但馬生野（現在の兵庫県朝来市）にあった代官所を襲撃して失敗。國臣は澤宣嘉卿を逃がした後に幕吏に捕らえられているのですが、澤宣嘉卿の逃亡時間稼ぎのために國臣はわざと捕らえられたのではないかと思えるのです。その後、京都の六角にあった獄につながれることになったのですが、この「もみちは」になぞらえた歌は同じ人物が詠んだ歌とは思えないほど人生を達観した内容です。

この内容から、すでに國臣は死を予感していたのではないかと窺えてなりません。

西下した七卿のうち錦小路頼徳は長州で病死しており、この澤宣嘉卿の挙兵失敗により尊皇攘夷派公卿は七卿から五卿へとなってしまったのです。

福岡市の中心である天神から地下鉄に乗って七分ほどで西新に到着しますが、元寇防塁跡から博多湾に向かって歩いて行くと福岡市博物館があります。ここには平野國臣が吹いていたという横笛が二本展示してあるのですが、これを見ても何もインスピレーションは湧いてきません。自分の果たすべき役目はやりおおせた、だから何も語るまい。平野國臣からはそういう印象を受けるのです。

しかしながら、人の世は無常というか、再び長州に逃げ込むことができた澤宣嘉卿の場合は、参謀に井上馨を従えて九州鎮撫総督として幕府の長崎奉行所を征圧し、維新史の一角に食い込んでいるのです。
京から長州へと西下した七卿が五卿にと減る事件に遭遇しなければ、維新史における平野國臣の活躍の場はもっと広大だったのではと思えてなりません。明治の世になって國臣には正四位が追贈され、名誉を得ることができたのがせめてもの救いでしょうか。
《わが胸の燃ゆる思いにくらぶれば煙はうすし桜島山》
何度読んでも万葉歌人の異性に対する感情を歌にしたものとしか思えないのですが、真木和泉守保臣の娘である小棹に惚れていたとの説もあり、志士平野國臣として表に出せない私情の歌だったのかなと思いたくなるのです。

太宰府延寿王院への移転

元治元年（一八六四）六月、長州に留まっていた真木和泉守保臣は三条公に別れを告げ、再び長州軍と行動を共にして京へと上って行きました。ここで京都守護職の会津藩、薩摩藩と戦端を開いたのですが、これが今に伝わるところの「禁門の変（蛤御門の変）」です。

長州軍はここで御所の禁門に向けて砲門を開いたために朝敵の汚名を着ることになるのですが、圧倒的な勢力にまさる京都守備軍の前に敗北し、真木和泉守保臣等は敗走途中の京都山崎で

延寿王院の中庭に立っている「五卿遺跡」の碑。太宰府には五人の公家が居たという意

自刃し果てています。皮肉なことに、平野國臣はこの「禁門の変」での京都市中の火災の中、逃亡を防ぐという理由で幕府の役人に斬首されているのです。

　薩摩が加担しなければ倒幕はできないと考えていた真木和泉守保臣があえて長州軍の挙兵に応じたかげには、門人とも言うべき平野國臣が京都六角の獄につながれているのを救いだしたいという気持ちがあったのではと疑いたくなるのです。

　この変の後、朝敵となった長州藩に三条実美公等五卿は留まることができず、さらに西下して筑前福岡藩領に足を踏み入れることになったのですが、右大臣から大宰権帥に左遷されたものの後に太政大臣位にまで名誉を回復した菅原道真公の故事にちなんで落ちのびる場所を太宰府としたのです。これは、福岡藩の急進的な尊皇攘夷グループの一人である月形洗蔵が強く勧めたから

延寿王院正面と高位の人の邸を表わす築地塀（五本線）

といわれています。

太宰府天満宮の参道を上りきったその正面に「西高辻」という表札が掛かった邸があります。この「西高辻」という表札の掛かった邸は別名「延寿王院」と呼ばれ、桃園天皇から宝暦四年（一七五四）に院号を賜った由緒ある宿坊です。なぜ、天満宮という神社に宿坊があるのだろうと思われるかもしれませんが、延喜五年（九〇五）に菅原道真公の祀廟として安楽寺天満宮が設けられ、天暦元年（九四七）には道真公の子息である淳茂《あつしげ》の次男平忠《ひらただ》がこの安楽寺天満宮の別当職として西下してきたからです。明治の廃仏毀釈前までは太宰府天満宮は安楽寺天満宮と呼ばれ、「延寿王院」はその安楽寺天満宮の宿坊だったのです。

この延寿王院に三条実美公等が居を移したとき

の延寿王院主は大鳥居信全《おおとりいしんぜん》といい、奇しくも三条実美公の父三条実万《さねつむ》公の従兄弟でした。

また、三条実美公の母紀子《もとこ》は土佐山内家第十代藩主山内豊策《やまうちとよかず》の娘（眉寿姫）であったことから三条実美公には土佐脱藩浪士の土方楠左衛門久元こと後の伯爵、宮内大臣の土方久元、大山彦太郎道正こと中岡慎太郎ら四一名、馬取小者に二五名、総勢六六名が付き従っています。三条公等の西下については落ち武者を連想していたのですが、当時の記録をみてみると筑前、薩摩、肥後、肥前、久留米の各藩の警護役、付き添いの医者までもが加わっていて、ちょっとした戦闘集団なのには感心します。さすが、京の急進的尊皇攘夷集団のことだけはありますが、幕末期、どうしても歴史の視点が京都に集中しがちな中、太宰府に維新の火種がもたらされていたとは、恥ずかしながら、知りませんでした。

その「延寿王院」は参道を登りきった正面にあり、七卿記念碑にステンレス製の案内看板までが建っているのですが、太宰府天満宮を訪れた参拝客は邸の門前にある牛の像と記念撮影をするのに忙しく、維新の震源地であった背後には誰も気がつきません。この延寿王院主の大鳥居信全は三条実美卿と岩倉具視《いわくらともみ》卿とを結びつけ、薩長連合を成功させた陰の功労者といわれています。

薩長和解のシナリオ

三条実美公等の宿舎は延寿王院でしたが、五卿の従者等の宿舎になったのが安楽寺天満宮の社家である小野加賀邸であり、警護役の各藩の宿舎として社家の小野伊予、小野但馬、連歌屋《れんがや》などが割り当てられています。

この小野加賀、小野伊予、小野但馬の三社家は天徳元年（九五七）に大宰大弐であった小野好古によって安楽寺天満宮の社家を命じられ菅原道真公の聖廟に付属する形で和歌を奉じていました。大宰権帥として西下してきた菅原道真公の代わりに政務を執り行ったのが小野好古の父葛絃ですので、太宰府天満宮と社家の小野家とは切っても切れない長い長い縁があったということです。

元治元年（一八六四）十二月十二日、馬関（下関）で薩摩の西郷隆盛、長州の高杉晋作による会談が行われていますが、この会談実現の陰には福岡藩の月形洗蔵、早川養敬《はやかわようけい》の二人による「薩長和解」のシナリオがあったのです。

幕府の長州征伐について薩長の仲介役を果たした福岡藩はいきがかり上、三条公等を筑前領に受け入れることになってしまったのですが、当初、三条公等を罪人に近い扱いをしたため三条公等はいたく憤慨したといいます。延寿王院周辺は幕府の捕吏などが取り囲み一触即発の状態ですから、福岡藩にとって迷惑な一団を引き受けたものと思っていたことでしょうが、ある意味、三条公等を罪人扱いしたのは幕府に対する忠誠とみせるためのパフォーマンスだったのかもしれません。

三条実美公一同と各藩の警護役と称する混成部隊は一団の秩序を維持するために学習と武術の修練を日課とし、相互の連帯を図ることに細心の注意を払っていたそうです。朝夕に銃の扱いを行い、撃剣と読書、定期的に論語の輪読、砲術、乗馬などを行い、四と九の日が休日というものでした。

いまでも、日本には殿様の数だけ国があるといわれることがありますが、唯一絶対の公卿をいただき、各藩の警護役が三条公の「おぼえめでたし」を狙って相当に対立していたのではないでしょうか。京都の情勢は薩摩藩を通じて五卿側に伝えられていますので、警護役の藩士たちは倒幕のその日に備えての文武の修業でもあり、極秘の政局情報を藩に伝達する役目をも負っていたのかもしれません。

そんな中、三条実美公が延寿王院に移転されたと知って、福岡藩における尊皇攘夷思想の指導者的存在である野村望東尼《もとに》が天満宮参詣と称して三条公の拝謁を求めているのです。強引にも邸の塀に梯子をかけて侵入しようとしたそうですから、この尼さんはなかなかの豪の女です。ついには念願叶って三条実美公に拝謁を許されたそうです。

このころ、大島三右衛門こと西郷隆盛も密かに延寿王院の三条公を訪ねてきているのですが、福岡は長州と薩摩の中間地点という地の利を生かし、野村望東尼の平尾山荘や博多商人の邸において高杉晋作、西郷隆盛の談判が秘密裏に行なわれています。この博多商人の邸での会談の連絡係は魚屋が密書を桶に隠して薩長両藩の間をとりもったそうですが、時には幕府の捕吏に捕まることもあったとか。その捕まった魚屋の最期はどうなったかはわかりません。

薩長倒幕連合の密約

薩長は幕府に対して相互が敵対関係にあるとみせかけ、その実、水面下では福岡藩領内で福岡藩尊皇攘夷派の仲介で薩長倒幕連合の密約を進めています。司馬遼太郎の小説『竜馬がゆく』では薩長連合の立役者は坂本竜馬ということになっていますが、実際は、博多の街中で、太宰府の延寿王院で、薩長連合についての密約と倒幕計画が粛々と進められていたということです。

幕府密偵監視の中、偽名を用いて田中光顕《みつあき》、大山巌《いわお》、村田新八、伊藤博文、木戸孝允《きどこういん》、江藤新平らが延寿王院を訪ねてきているのには驚くばかりです。

三条実美公が延寿王院に滞在したのは三年余になりますが、慶応三年（一八六七）にはミニエ（装条）銃三〇挺、弾丸三〇〇〇発が持ち込まれ射撃訓練まで行なわれているのです。その資金は長州から流れ、薩摩藩の名目で購入し、物資は長崎から持ち込まれているのですが、倒幕の意志みえみえです。現存する延寿王院前の看板には坂本竜馬も訪ねたと記されていますが、中岡慎太郎や西郷隆盛と同じく、才谷梅太郎の変名を使って長崎から武器弾薬の調達に励んだことでしょう。

福岡藩の急進的な尊皇攘夷派の筆頭であった月形洗蔵は菅原道真公の官位復活にちなんで三条公に強く太宰府入りを勧めたことはお話しました。延寿王院での学習と軍事訓練の合い間、月形洗蔵は三条公を天拝山への遠乗りに誘い、大伴旅人も身を浸したという武蔵村湯町の温泉に案内したりしています。

「月さま、雨が……」
「春雨じゃ、濡れていこう」

幕末の京都を舞台にした時代劇『月形半平太』に登場する「月さま」のモデルは土佐の武市半《たけちはん》平太《ぺいた》と言われていますが、この月形洗蔵と足して二で割ったのではと思います。ともあれ、藩政批判で一時期は天拝山の麓近く御笠郡古賀村に幽閉されていた月形洗蔵ですが、その洗蔵が先導役として三条公を案内する様を想像すると得意の絶頂、感無量だったのではと思います。

話は博多の街中で行われた薩長同盟秘密会談に戻るのですが、密書を持った魚屋というと、どうしてかこんな魚屋ではなかったのかと、ある一人の人物を思い浮かべます。

今でも根強いファンを抱える作家夢野久作の『近世快人伝』という作品に登場する魚屋の篠崎仁三郎です。

この仁三郎ですが、博多児の資格として、このように公言するのです。

第一箇条　十六歳にならぬ中に柳町の花魁を買うこと
第二箇条　身代構わずに博打を打つこと
第三箇条　生命構わずに山笠《やま》を舁ぐこと
第四箇条　出会い放題に××すること
第五箇条　死ぬまでフグを喰うこと

などなど、現代の感覚からすればなんという破天荒な、と思うかもしれませんが、本人は至って真面目に答えているようです（あくまでも）。

後先考えない、こんな博多っ子気質の魚屋が密書を運んだのでは、と思えてしかたないのです。

第六章　乙丑《いっちゅう》の獄

混迷の福岡藩

急進派公卿の三条実美公を福岡藩領に迎えたにもかかわらず、筑前福岡藩内では尊皇倒幕の急進的な正義派と保守派との対立が慌しくなり、藩論は二つに分かれてしまいました。長州征伐の軍を出す出さないという幕府の動きに敏感に反応したこともあるのですが、正義派の月形洗蔵たちが藩主の意向を無視して三条公の筑前移転を進めたり、長州処罰の緩和策を無断で進めるという正義派の行動を藩主黒田長溥《ながひろ》が嫌ったのが真意のようです。

藩主の黒田長溥はゲベール銃を一五〇〇挺も買い込んで藩の軍制を西洋式に改め、長崎に幕府の海軍伝習所ができると二八名もの藩士を送り込むほどの蘭癖大名として知られていました。

その蘭癖ぶりの極めつけは海軍伝習所の練習艦をわざわざ博多に寄港させ、オランダ人指導班長のカッテンディーケ一行を太宰府天満宮参詣に招くほどでした。安政五年（一八五八）の秋のことですが、オランダ人たちは博多の豪商大賀家に四日間に渡って滞在し、博多、福岡の町を散策したとのことです。さすがの新しもの好きの博多っ子たちも「黒船」の来港と異人たちを目にして腰を抜かすほどに驚いたことでしょう。このとき博多に入港した二艦のうちのひとつの艦は後に「遣米使節団」を乗せて太平洋を渡った咸臨丸《かんりんまる》で、勝海舟が艦長でした。

生麦事件に端を発した薩英戦争、関門海峡を通過する異国船に大砲を打ちかけたことによる馬《ば》関《かん》（下関）戦争を経験し、薩長は攘夷思想を捨てて西洋の近代兵装を取り込むことに懸命になりました。藩の金庫が空になるほどの金をはたいたのでしょうが、先ほどのミニエ銃やゲベール銃など、これほど大量の洋式銃がどうして日本に流れ込んできたのかが疑問でした。長崎のグラバー園にその名前を残す武器商人のトーマス・ブレイク・グラバーは安政六年（一八五九）に来日していますので、武器購入の窓口はあるとしても短期間に大量の兵器が調達できたことが不思議だったのです。年表や資料を読み返してみると、倒幕戦争開始前にアメリカの南北戦争が終結し、余った銃器が安価にして大量に上海市場に流れ込んでいたからとのことでした。

イギリスの産業革命同様、アメリカ国内の政治情勢の影響が太平洋を越えて日本や清国（中国）にまで及んできていたということです。

慶応元年（一八六五）六月、その内外の情勢に敏感な黒田長溥でさえ急進的な正義派と保守派との対立の収拾において保守派を支持し、藩政を乱したとして正義派の筆頭である家老の加藤司書ら急進派を大量処分したのです。この黒田長溥の決断を聞いた三条実美公は土方久元を遣わせて正義派の助命嘆願を乞うたのですが、叶わなかったとのこと。後に「乙丑の獄」と呼ばれるこの福岡藩の政変によって加藤司書は切腹、三条公を太宰府にと斡旋した月形洗蔵は斬首、延寿王院の前別当である大鳥居信全は筑後水田に屏居、安楽寺天満宮の社家である小野加賀は揚屋入り（武士・僧侶・神官身分の獄舎）という処分が下ったのです。

この他にも、野村望東尼は玄界灘に浮かぶ姫島に遠島となっています。この野村望東尼に対する処分を聞いた高杉晋作は、平尾山荘にかくまわれたり薩長同盟の会談場所を提供してくれた恩義に報いるため、奇兵隊士たちを遣って野村望東尼を島から救出しています。このことから長州に逃れた野村望東尼は高杉晋作の最期を見とどけることになったのです。

《おもしろきこともなき世をおもしろく》

《すみなすものは心なりけり》

高杉晋作が辞世の句として上の句を詠み、野村望東尼がそれを受けて下の句を詠んだのです

が、
「おもしろいのう……」
と言って、高杉晋作は息を引き取ったといいます。

薩長同盟の継承

薩長同盟の密約については太宰府の延寿王院、平尾山荘、博多商人の邸で行われていたと話しましたが、福岡藩の正義派が処分された後に薩長同盟の密約が成就したかげには土方久元、中岡新太郎が太宰府に居たことが大きく作用しています。

夢野久作の父であり、明治、大正、昭和の政界の黒幕といわれた杉山茂丸は著作のなかでこのように薩長政府を評しています。

《尊皇攘夷の醸造元は水戸であって之が元売り捌所は筑前であった。云はば此薩長の小売店に、尊皇攘夷の株を取られて、アノ大繁盛をなしたので、水戸も、筑前も、薩長藩閥の鳶に、尊皇攘夷という油揚げを、浚われたと同じ事である》

尊皇攘夷の看板を掲げた薩長が、政治権力を握るとすべてを牛耳ったことに対する皮肉が込められているのですが、杉山茂丸は単身で伊藤博文の暗殺計画を実行に移すのですから、福岡藩士の薩長に対する恨みつらみは相当に根深かったということです。

恨みつらみといえば、知人からこんな話を聞いたことがあります。

下関の名物といえばフグですが、いまやこのフグ料理は宅配便で全国に配送することができます。この宅配便のフグ料理の売り込みのために知人は伝手を頼って関東、東北へと向かったのですが、地酒は口にしても試食のフグ料理に一切手を出さない土地があったそうです。フグの毒はありませんからと何度説明しても箸にすら手を伸ばさずに散会となったそうですが、その土地は会津若松でした。

「禁門の変」によって朝敵の汚名を着せられた長州は恨みを晴らすため会津若松藩主であり京都守護職であった松平容保を許さず、会津若松での官軍の仕打ちは壮絶なものでした。その報復措置を忘れなかった会津若松の人々は長州のフグ料理に手を出さなかったのです。

「アメリカと戦争をした日本は、今じゃ仲良くしとるじゃないか」と知人は不満を口にしましたが、民族としての血が近ければ近いほど、恨みは深くなるのでしょうね。

さて、薩長同盟の密約の成就に戻れば、「乙丑の獄」によって「薩長和解」に尽力した福岡藩士が弾圧されると、土方久元と中岡慎太郎は坂本竜馬を「薩長和解」の後任にしたといわれています。その坂本竜馬による薩長同盟の仕上げの過程において、倒幕後の新国家の指針についても竜馬に引き継がれていたのではと思うことがあります。「禁門の変」で挙兵し、京都山崎の山中で自決した真木和泉守保臣が文久元年（一八六一）に立案した『経緯愚説』がそれになります。

一、言路を開く事。
一、旧弊を破る事。
一、封建の名を正す事。
一、古来の忠臣義士に神号を賜ひ、或いは贈位・贈官、或いは其の子孫を禄する事。
一、九等の爵位を修むる事。
一、文武一途にして其の名を正す事。
一、勲位を復する事。
一、服章を正す事。
一、文武の大学校を立て天下の人才を網羅する事。
一、伊勢・尾張の神器御扱ひ方の事。
一、親衛の兵を置く事。
一、僧を似て兵とし、寺院を衛所とする事。
一、兵器を改め造る事。
一、古訓師を学校に置きて舶来の器械に名を命ずる事。

一、財貨を公にする事。
一、邦畿を定むる事。
一、帝都並びに離宮を定むる事。
一、租賦を軽くする事。
一、官制を改むる事。

坂本竜馬は新国家の指針として「船中八策」を口述させたとのことですが、真木和泉守保臣の『経緯愚説』の考えと似ているために指針までも土方久元、中岡慎太郎を通じて中継されたのだなあと思ったのですが、考えすぎでしょうか。

坂本竜馬は中岡慎太郎とともに京都潜伏中のところを襲撃されて亡くなっていますが、潜伏先を知っているのは極く限られた者だけであり、このことから坂本、中岡の両名を見知った者による犯行といわれています。

維新後の主導権を土佐藩に奪われたくないという薩長の権謀術数が竜馬暗殺につながったのではと思えてなりません。

倒幕軍における「勇敢隊」

移転した福岡藩領太宰府に身を落ちつけたものの、福岡藩の藩論対立から孤立無援に陥った五卿でしたが、滞在三年余の間に薩摩、長州による倒幕連合の密約が仕上がり、慶応三年（一八六七）十二月には王政復古、五卿は官位を戻されて復職しました。

そして、同年十二月十四日、五卿は帰京することになるのですが、ここにおいて菅原道真公にならっての名誉の回復が成就したわけです。

明けて慶応四年、明治元年（一八六八）正月二十六日、正義派と保守派との藩論が二つに分かれた筑前福岡藩にも倒幕軍編成の命令が下り、中老の矢野安太夫を隊長に四〇〇名が上京していきました。

さらに有栖川宮熾仁《ありすがわのみやたるひと》親王の出兵要請を受けて警護役として九八三名が従軍しているのですが、この中には「勇敢隊」と称する一般領民による志願兵までもが含まれています。この志願兵による雑兵部隊の隊長を務めるのは勇敢仁平の異名をとる博多の侠客大野仁平でした。農民、僧兵、神官など士分には無縁の部隊のため、選抜された藩士で編制された他藩の倒幕軍からは格下の扱いを受け、弾除け部隊に使われたりしています。しかしながら、この雑兵部隊は実戦経験に欠ける他藩の倒幕軍を叱咤激励するほどの勇猛ぶりであったといわれ、特に隊長の大野仁平は飛んでくる鉄砲玉を歯で受け止めたというエピソードを持つ猛者でした。

武士で編成された倒幕軍の正統性を強調したいがためか、この志願兵部隊の「勇敢隊」を倒幕軍とは認めない方もいるのですが、福岡藩においては領民を傭兵とするのは黒田官兵衛（如水）の頃からの常套手段であり、これは明治新政府における国民皆兵の先駆けともいえなくもないでしょう。

そして、これら倒幕軍に藩士を送り込んだ後、福岡藩ではまたもや領内の農民をくじ引きで兵士として徴用し、訓練をしているのです。領内各地に射撃場を設け、藩士が農民に鉄砲の扱い、射撃についての手ほどきをしているのですが、御笠郡二日市触《ふれ》では一〇七名の農民が鉄砲玉ならぬ徴兵のくじに当たっています。

《天皇の遠の朝廷としらぬひ筑紫の国は賊守る鎮への城ぞと聞し召す》

東国出身の防人の歌の返歌として大伴家持が作った長歌の一節を以前に紹介しましたが、壬申の乱、関ヶ原の戦い、倒幕戦争と、国の内乱に乗じての外敵の侵入に備えるという考えが当時の福岡藩にあったのかどうかは分かりません。郡内の治安維持のためとのことで農民を召集していますが、「夷《い》をもって夷を制せん」ではありませんが、この徴兵は混乱に乗じて年貢減免などの反乱を未然に抑える役目もあったのではないでしょうか。

先の志願兵部隊である「勇敢隊」の参議（参謀）を務めたのは、三条実美公にも謁見を許された小野加賀の子息である小野隆助です。小野加賀邸は三条実美公等の従者の宿舎となっていますので、隆助もまた各藩の警護役とともに銃の扱い方や学習に励んでいたのではないかと思うのです。

この小野隆助は書家の小野道風の末裔とのことですが、実際は小野道風の兄好古の直系になります。大宰大弐であった小野好古は大宰府政庁を焼き討ちにした藤原純友を征伐したくらいですから、隆助にも武勇に優れた血が流れていたのだと思います。

第七章　福岡の変、民権から国権へ

筑前竹槍一揆

有栖川宮熾仁親王率いる奥羽征討軍の一隊として参戦した「勇敢隊」は明治二年（一八六九）正月に福岡に凱旋帰国しています。薩長同盟の立役者でありながら、藩内の政治的対立から倒幕軍への参戦が遅れた福岡藩の名誉を大きく挽回したのがこの「勇敢隊」といわれていますが、その参議（参謀）であった小野隆助は戦功を認められ、帰国後には福岡藩から一〇〇石取り馬廻役の士分格として遇され、藩の軍政改革にも関わっています。

うがった見方かもしれませんが、安楽寺天満宮の社家であった小野隆助を士分に取り立てることで、福岡藩は明治新政府の要職に就くであろう三条実美公とのパイプ役としてつなぎとめたかったのかもしれません。

明治四年（一八七一）、明治新政府の太政官令として「解放令」が発令されました。

これは江戸時代に存在していた士農工商の身分制度の実質的な最下層に位置付けられていた「被差別部落」の解放を命じたものでしたが、これに反対して兵庫、広島、岡山、愛媛、高知、宮崎、大分、福岡、香川、京都、熊本など西日本の各地で大規模な農民一揆が群発したのです。福岡藩内においても六万名余りの農民が処分を受けるという竹槍一揆でしたが、暴徒化したこの一揆を鎮圧したのが福岡藩の旧士族たちでした。

竹槍を握って暴徒化した福岡藩内の農民たちの要求は、

一、旧知事（藩主）を返すこと。
一、官吏は自国（福岡藩）の士族を採用のこと。
一、年貢三箇年延納のこと。
一、暦を旧に復すること。
一、地券を廃すること。
一、官林切り払いを止めること。

一、学校と徴兵を廃すること。
一、藩札旧来通りのこと。
一、穢多旧来通りのこと。

なかには、髷を切ってザンギリ頭にすることに反対という嘆願書を出した農村までもがあったとか。

新政府発足後、明治七年（一八七四）二月には江藤新平等による「佐賀の乱」が起き、その鎮圧部隊にも福岡藩の旧士族たちが駆り出されているのですが、食い詰め浪人が明治新政府に対して禄を得るための示威行動にも等しいものがあったようです。この農民一揆鎮圧にも小野隆助は鎮圧部隊の指揮官として駆り出されているのですが、軍が介入しなければ鎮まらない、それほど激しい農民一揆であったということです。

維新の功労者たちの多くは、武士は武士でも最下層の者たちが多く、身分制度の打開は彼らの願望だったのではと思うのです。人間は組織や集団を作れば自然と階級を設ける動物であることも知らず、維新の元勲たちは四民平等という理想に向けて突っ走ったのでしょうね。

ともあれ、おもしろいことにこの一揆、「解放令」に対しての農民としての階級的地位保全を求める一揆のはずですが、地租改正、徴兵令を見込んでの一揆であることに農民の保守的な思考がうかがえます。他にも太陽暦を太陰暦に戻すことを要求しているのですから、開国による制度的影響が地方の農民生活に影響を及ぼした珍しい騒動なのです。

石井研堂の『明治事物起原』には、なぜ、西日本だけにこのような一揆が起きたのかわからないと記されていますが、明治新政府の主力は薩長ですから、新政府の制度に反対する一揆をおこしたならば、再び征討軍が編成されて蹂躙されると東日本の農民たちは考えたのではないでしょうか。

福岡贋札事件と西郷隆盛

このように世情が不安定になる前、明治三年（一八七〇）七月には福岡藩の贋札事件が発覚しています。これは財政的に困窮した福岡藩が贋札を偽造して財政逼迫の急場をしのごうとしたものですが、これが新政府の処分を受けることになったのです。福岡藩知事であった黒田長溥《ながひろ》の嗣子長知《ながとも》は罷免、新政府は有栖川宮熾仁親王を福岡藩知事としたのです。

この処遇については、新政府を切り盛りしていた大久保利通が三条実美、西郷隆盛らの斡旋を無視して知事罷免を断行していますが、これは将来的に西日本各地で不平士族の叛乱が起きることを予測して大久保が事前に政府の対策拠点として福岡を押さえつけたかったからではと思われるのです。特に、薩長倒幕同盟のお膳立てをしながらも、福岡藩士の中からは明治新政府の役職に誰一人として就任していません。岩倉具視卿と懇意にしていた大久保利通からすれば、三条実美派の福岡藩士を迎えることは新政府の政権運営において安定性に欠けると思っての対応であったのかもしれません。

この福岡藩の贋札事件においては西郷隆盛が懸命のとりなしをしてくれました。黒田長溥が薩摩藩の島津重豪《しげひで》の第九子であり、西郷が敬慕してやまない島津斉彬《なりあきら》を藩主にと幕閣に働きかけたのが黒田長溥だったからといわれています。維新の際に倒幕に乗り遅れた福岡藩の対応を詫び、戊辰戦争ではあれほどの働きをしたのだから、もう許してはいかがと東京弾正台《だんじょうだい》（検察庁）の役人に西郷は懇願したと伝えられています。

ちなみに、この福岡藩知事になった有栖川宮熾仁親王は官軍の奥羽征討軍総督でもあったのですが、従兄の関係にあるのが徳川幕府最後の将軍であった徳川慶喜だったのですから、歴史は二転三転と皮肉な方向に転がるものだと思います。その奥羽征討軍が進軍する際に官軍兵士が歌っていた「宮さん、宮さん、お馬の前でヒラヒラするのは何じゃいな」の歌詞に出てくる宮さんは有栖川宮熾仁親王のことを指しているそうです。

宮さん宮さん　お馬の前にヒラヒラするのは何じゃいな

トコトンヤレトンヤレナ
あれは朝敵征伐せよとの錦の御旗じゃ知らないか
トコトンヤレトンヤレナ

（「宮さん宮さん」作詞　品川弥次郎　作曲　大村益次郎）

この歌にも出てくる「錦の御旗」は西郷隆盛が京都の西陣に命じて一晩で作らせたものだとか。後に、その「錦の御旗」が西郷隆盛目指して進軍してくるとは西郷自身も想像だにできなかったのではと思います。

西南戦争

維新政府への取立てがないこと、尊皇攘夷を旗印にしていたにも関わらず諸外国との屈辱外交を続ける新政府に対して福岡藩内の士族は不満をいだき、明治九年（一八七六）十月に福岡藩の支藩であった秋月において「秋月の乱」が起きています。さらにこの頃、維新政府樹立に功があった長州藩閥の前原一誠《まえはらいっせい》等も長州に帰国して「萩の乱」を起こしています。

しかしながら、この不平士族の叛乱において最終、最大のものは明治十年（一八七七）に起きた「西南戦争」でしょう。この西郷隆盛が起こした乱には福岡藩の旧士族たちも呼応し参戦しているのですが、それが「福岡の変」と呼ばれるものです。この変には政府が放った密偵等によって事前に謀略は漏れ、不発と終わっていますが、それでも、この旧福岡藩士の起こした叛乱は後に、政府に反旗を翻す政治団体誕生の礎石の役割を果たすことになるのです。

また、先に太政官令での「解放令」において大規模な農民一揆が起きましたが、この一揆は武力による鎮圧によって沈静化はしたものの、旧士族や豪農を中心とした農村地区における自治組織化を促す元ともなったのです。

さらには、大久保利通の謀略ともいわれていますが、江藤新平の起こした「佐賀の乱」において新政府の鎮圧部隊に駆り出された福岡藩の旧士族たちは口径の合わない銃、弾薬を支給され窮地に陥ったことから大久保利通に対する抵抗勢力となったのです。

この「西南戦争」において、天皇陛下から親授された連隊旗を薩軍に奪われた乃木希典が自決しようとしたのは有名な話で、彼はこの一件があったために陸軍元帥になれなかったといいます。兵隊作家といわれた火野葦平の作品に『陸軍』という朝日新聞に連載された小説があるのですが、この中でも乃木希典の自決を止めたことを自慢する老兵の話が描かれています。明治天皇崩御に際し殉死しているのですが、乃木希典にとって連隊旗を奪われたということは終世トラウマになっていたのでしょうね。

そういえば、松本清張の出世作のひとつである『西郷札』ですが、紙くずとなってしまった薩軍の軍票をめぐる人間ドラマは読みごたえがありましたし、当時の世相を知る貴重な作品と思います。

西南戦争の続きですが、家の近所に薩軍兵士の墓といわれるものがありました。西郷軍は熊本の田原坂近辺で足止めを食らっているものとばかり思っていましたが、斥候兵とはいえ太宰府近辺にまで進出してきていることに驚きます。古老の話によると、薩軍兵士はたまたま神社にいた政府軍兵士に狙撃されて亡くなったとのことです。単なる目印程度の小さな石ですので、それが薩軍兵士の墓とは誰もわかりません。

これは勝手な想像ですが、この墓は薩軍兵士というより、薩軍に合流しようとした旧福岡藩士のものだったのではと思うことがあります。

ちなみに、火野葦平の『陸軍』という小説ですが、戦時中に陸軍省の要請で映画化されたのですが、事前検閲を受けていたにも関わらず、内容が戦時体制にそぐわないということで上映が中止されてしまいました。アメリカ軍の無差別爆撃で破壊される以前の福岡市内の風景が映っていたり、エキストラに福岡二十四連隊の兵士が駆り出されるという記録映画としても貴重なものですが、フィルムが残っているのかどうかはわかりません。小説じたいも昭和二十年（一九四五）

八月十五日に初版が発行されることになっていたのですが、この初版本もどのように処分されたかはわかっていません。

民権思想の萌芽

明治八年（一八七五）二月、民権思想の板垣退助は民権政治結社の「愛国社」を結成しました。この板垣退助の民権思想ですが、どうして彼が民権思想に目覚めたのかずっとわかりませんでした。土佐藩の中でも、坂本竜馬や岩崎弥太郎など町人身分に近い土佐郷士《ごうし》の上に君臨する土佐上士《じょうし》の身分でありながら、板垣退助を民権思想に傾倒させたものが何なのかがわかりませんでした。

前原一誠の「萩の乱」に共謀、大久保利通暗殺の疑いで牢獄につながれていた後の政治結社玄洋社の頭山満《とうやまみつる》の直話集を読んでいたところ、板垣退助が民権運動に邁進するきっかけについて述べた件がありました。倒幕軍の幹部でもあった板垣退助が会津若松の城攻めをしたとき、籠城する松平容保等に領民が夜陰に紛れて食糧を運び込んでいたそうです。城に食糧を運びこむのが見つかれば当然のこと死罪ですが、板垣退助はこの姿をみて四民一様に義勇奉公の精神がなければ本当の国づくりはできないと悟ったというのです。死罪覚悟の農民の姿は支配者側であった板垣退助の意識を大きく変えることになったのですが、「板垣死すとも自由は死せず」と暴漢に襲われた板垣退助の民権思想の根幹が会津若松にあったと知り、歴史というのは不思議なめぐり合わせでなりたっていることに感心するばかりです。

さて、この板垣退助の民権政治結社結成に応じて福岡では旧士族たちが矯正社、強忍社、堅志社という民権政治結社を創設しました。この政治結社は食い詰めた旧士族の生活共同体的な要素もあったようですが、誰ひとりとして新政府に召抱えられない旧福岡藩士の新政府に対する抵抗勢力でもあったのです。

明治十二年（一八七九）三月、士族叛乱で懲役を終えた旧福岡藩士族のなかから後の政治結社玄洋社の前身である向陽社が設立されます。さらに、同年十二月、筑前共愛公衆会が創設されるのですが、この筑前共愛公衆会は府県会制の成立を目的とした地方自治組織として設立されています。福岡全県を一区一五郡九三三町村に分け、その代表会の組織として筑前共愛公衆会、思想的な指導機関が向陽社となっているのですが、いまでも保守層が多いにも関わらず革新知事が出たり、中央政府と一線を画す傾向をみせる福岡の下地はこの頃に作られていたのではないでしょうか。

明治十三年（一八八〇）一月、筑前共愛公衆会は元老院に対して「国会開設及条約改正之建言」を提出し、続いて「共愛会憲法私案」を作成しています。

このときの筑前共愛公衆会の参議、地区会員あての報告書には箱田六輔副会長、三木（小野）隆助会長の名前が記されていますが、三木隆助とはあの有栖川宮熾仁親王率いる奥羽征討軍に従軍した「勇敢隊」参謀の小野隆助のことです。

幕末の頃、密命を帯びた志士たちの多くは名前を変えて行動していますが、小野隆助も奥羽征討軍に従軍中は三木五六郎という変名で活動しています。その後も倒幕軍時代の変名が気に入っていたのか、明治十三年頃まで三木姓を名乗っていましたが、後に本来の小野隆助に戻しています。

余談ですが、板垣退助が暴漢に襲われ九死に一生を得たのは偶然にも一人の医者がそばにいたからですが、この医者こそ後の内務大臣、東京市長を務めた後藤新平でした。

筑前玄洋社の誕生

《武士《もののふ》のやまと心をよりあわせただひとすぢのおほつなにせよ》

女性でありながら、「乙丑の獄」によって玄界灘に浮かぶ姫島に遠島となり、高杉晋作の奇兵隊士に救出された野村望東尼が残した歌です。

旧士族の相互扶助団体から民権思想団体へと発展した向陽社ですが、そこに所属する旧士族たちの思想的背景は意外にも尊皇攘夷思想にあるのではないかと思います。向陽社の設立メンバーの多くは、男装の眼科医であった高場乱《たかばおさむ》女史の開いていた「興志塾（人参畑塾）」で学んでいた者が多いのですが、この高場乱は福岡藩の尊皇攘夷思想の指導者であった野村望東尼の従姉妹にあたるといわれています。

この「興志塾」は別名「人参畑塾」という変わった名前で呼ばれていますが、福岡藩の薬草園の跡地にあったことからついたそうです。薬草、人参とくれば朝鮮人参ですが、福岡藩でも朝鮮人参の栽培を行なっていたということでしょうか。

この向陽社は後の政治結社玄洋社に発展するのですが、その中枢となるのが進藤喜平太、頭山満、箱田六輔、平岡浩太郎など高場乱女史のもとで育成された塾生たちです。彼らは「萩の乱」に呼応したとして同じ獄中にあった仲間でもあるのですが、政治犯に対しての官憲による拷問は苛烈を極め、それがもとで亡くなるものもいたといいます。彼等は過酷な拷問に耐えて励ましあう仲となり、思想的なつながりだけではなく人間的な結びつきも堅牢なものになったといわれています。

ちなみに、平岡浩太郎は西郷軍蜂起の報せを聞いて旧福岡藩士が起こした「福岡の変」に参加、西郷軍に合流したものの最終的には政府軍に捕らえられています。平岡は戊辰戦争の折、官軍兵士としても参戦しているのですが、江戸城桜田門での歩哨をしているときに西郷隆盛と直接に知りあう機会があり、西郷に私淑していたとのこと。

戦費に困って政府軍に追い詰められた西郷軍をみて、「財源なくして天下国家を論じても空論にすぎない」と戦陣で悟り、玄洋社創立後は政治資金作りで同志を支援し続けています。玄洋社のメンバーにとって平岡浩太郎は頼りになる大綱《おほつな》だったのではないでしょうか。

大隈重信襲撃

政治結社玄洋社を全国的に知らしめたのは、なんといっても来島《くるしま》(嶋)恒喜《つねき》による大隈重信襲撃事件と思います。幕末、幕府が諸外国と締結した不平等条約改正に向け、外務大臣大隈重信が強引に自説の条約改正案を推し進めていたことに世論が反発し、玄洋社の来島恒喜が大隈重信の暗殺を謀ったのです。

明治二十二年(一八八九)十月十八日の夕方、閣議を終えて外務省に向かっていた大隈の馬車めがけて来島恒喜が手投げ弾を投じたのです。幸いにも大隈重信は片足を失うだけで命は助かりましたが、襲撃した来島恒喜はその場で持っていた短刀で自決しています。

来島恒喜の追悼墓が日暮里の谷中霊園にあるとのことで出かけたことがありますが、山手線日暮里駅から続く広大な霊園ですので、迷ってしまいました。駅を降りた瞬間からここは東京なのだろうかと思うほど都会のけたたましさを吸い込む何か、空間ともいうべきものを感じます。啞然とするほどに墓、墓、墓ばかりで、なかには隣接する住宅の生ごみ集積所のすぐそばにも墓が迫っているという都会の墓場です。

この谷中霊園には寛永寺、つまり徳川家の墓地があることで有名ですが、あの最後の将軍徳川慶喜の墓所、天璋院篤姫の霊廟もここにあります。他にも、幸田露伴の小説に出てきた五重塔跡が墓地の中心にあり、そのそばに交番まであるという広大さです。俳優の長谷川一夫、小説家の獅子文六、横綱出羽海、日本画家の横山大観、元首相の鳩山一郎、国文学者で歌人の佐佐木信綱、ジャーナリストで実業家の岸田吟香《きしだぎんこう》など、そうそうたる人々の墓が林立しているのです。著名人の墓が多くあるのはいいのですが、肝心の来島恒喜の墓の場所が分からず、霊園事務所の方に尋ねると開口一番「その人って有名な人」と聞き返されたときには愕然というか、あまりに傲慢なものの言い方にむかっ腹がたちました。咄嗟に、そばにいた別の職員の方が怒りの気配を察したのか、「くるしまつねき」でいいですかと、ゴルフ会員名簿の大きさになったリストを調べてくれ、A3サイズの地図に赤鉛筆で「乙十号十七側」と目印をつけて示してくれたのです。

来島恒喜の墓は、頭山満によって立派な碑になっていました。その脇には勝海舟によって建て

来嶋恒喜の墓。右に立っているのが勝海舟によって立てられた常夜灯。「暗夜の燈」と彫られているが官憲の命によって削られ、石工はぎりぎり判読可能なまでにして反骨精神を表した

来嶋恒喜の墓（初代のもの）。勝海舟によって建てられたが、今は新しい墓の横に置かれている

られた最初の墓石がごろりと横たわっていましたが、常夜塔同様に彫られた文字も判別しかねるほどでした。訪れたのは命日の翌日である十月十九日だったのですが、墓前には活けて間もない可憐な花と燃え残った線香があり、いまだ来島恒喜の墓を訪れる人があることに嬉しさを感じ、さきほどの怒りは鎮まりました。

《ながらえて明治の年の秋なから心にあらぬ月を見るかな》

来島恒喜も学んだという人参畑塾の高場乱女史が詠んだ歌です。

尊皇の志、国家を思う気持ちは大切だが、暴力はいけないと教えていたにも関わらず、義に駆られ死に急ぐ門弟たちをみての悲しみの歌です。

薩長政府に対抗するための国政選挙

政府に対して「国会開設及条約改正之建言」を提出した三木（小野）隆助は明治二十三年（一八九〇）七月一日の第一回衆議院選挙に当選しました。本人は選挙への出馬を拒んだそうですが、玄洋社の頭山満が強引に出馬させたとのことです。筑前共愛公衆会の会長であり、頭山満が語るには「筑前西郷」と称されるほど人望が高かったそうですから周囲も神輿に乗せたのでしょうけど、恥ずかしがり屋だったのでしょうか。

この第一回の衆議院選挙は選挙といっても現代のように二十歳以上の男女に自動的に選挙権が

与えられているものではなく、二十五歳以上の男子で直接国税一五円以上を納めている者にしかありませんでした。いわゆる制限選挙といわれるものですが、対象となる選挙人（有権者）は日本全国で四五万三六五人でした。これは当時の日本の総人口が推計四〇〇〇万人といわれていますので、全人口の一パーセント強になります。わずか一パーセントの選挙人が選ぶ議員でも薩長藩閥の専断政治よりもましと思ったのか、全国の投票率が九四パーセント弱というなかにおいて福岡県においてはほぼ一〇〇パーセントという驚異的な投票率でした。いかに筑前共愛公衆会の自治意識、玄洋社の政治指導が強かったかの証明となるのですが、『明治事物起原』にも福岡県において棄権した者がわずかに一人という結果に「はなはだ珍し」と評されています。自治組織設立は薩長政府に対抗する意地があったのでしょうが、玄洋社系からは他にも香月恕経《かつきじょけい》、権藤貫一が当選しています。とりわけ、香月恕経などは「秋月の乱」での生き残りですから、鼻息の荒さは相当なものだったのではと思います。

ちなみに、敗戦後、この玄洋社はGHQから戦争指導をした国家主義団体として解散を命じられ、進藤喜平太の息子で玄洋社社長を引き継いだ進藤一馬《しんとうかずま》は戦争犯罪人として巣鴨に収監されています。大東亜戦争中、朝日新聞の社説で東條英機首相を批判したために弾圧を受け、割腹自決した衆議院議員中野正剛《なかのせいごう》の秘書をしていたのが進藤一馬ですが、後に衆議院議員、福岡市長を歴任し、退任後は玄洋社記念館の館長を務めました。

　そして、この時、同郷で元総理大臣の広田弘毅も戦争犯罪人として収監されていましたが、広田が巣鴨に拘束されているとき、広田の妻の静子は自害しています。静子の父月成功太郎《つきなりこうたろう》は来島恒喜による大隈重信襲撃事件の共犯者として逮捕された人ですが、玄洋社社員が身内にあることから夫に無用な嫌疑がかからないようにとの配慮でした。文官でありながら唯一、A級戦争犯罪人として絞首刑になった広田弘毅ですが、広田自身も玄洋社社員でした。


　そういえば、中野正剛と同じく戦争中に東條英機首相を批判した吉田敬太郎という衆議院議員がいました。福岡にある憲兵隊で臨時軍法会議にかけられ、刑務所暮らしをしていたのですが、日本の敗戦が決まってからも吉田は容易に出所することができなかったそうです。彼の父親は山口組の鼻祖であり、日本一の大親分と称された国会議員の吉田磯吉だったのですが、政界の黒幕と言われた杉山茂丸、頭山満と親しかったために、吉田敬太郎も玄洋社のメンバーとしてGHQから疑われていたようです。

　この吉田敬太郎は敗戦後、牧師でありながら市長として十二年にわたって北九州の若松市長を務め、現在の北九州市の基礎となる五市合併を成し遂げています。

対外戦争の予兆

徳川幕府の世から維新政府に変わったものの、日本国内は相かわらず貧しく、従来の年貢に代わるものが税と名称を変えただけで、農民も庶民も旧士族階級も極貧のなかにありました。先述の吉田磯吉は士族の出でありながら、糧に困って筑豊炭田から産出される石炭を運ぶ石炭船の船頭をし、やはり士族であった杉山茂丸は東京で新聞を売り、頭山満は博多の町で薪を売って歩いたというほどでした。明治五年（一八七二）にはペルーへの売奴船が横浜に来港し、芸妓娼妓と称しての人身売買が発覚。その他、日本各地に在留する支那人に対して幼い男女を売与えることを禁ずると司法省が布達しているほど日本は極貧のドン底にあったのです。

ところが、第一回の衆議院選挙後の国会が開設されると首相の山縣有朋は政府の方針として軍備拡張予算案を主張したものですから、困窮する国民の意向を受けて「民力休養」「地租軽減」を求めていた民権派と鋭く対立するのも致し方ありません。

しかし、明治二十四年（一八九一）四月、そんな国内事情などに構ってはおれない騒動に日本は巻き込まれてしまいました。隣国で超大国ロシアの皇太子が親善訪問と称して長崎、神戸に軍艦「パミイヤ」「アゾヴァ」など七隻を率いて来訪したのです。親善訪問とは名ばかり、軍事大国ロシアの示威行為でもあるのですが、警備にあたっていた巡査の津田三蔵がロシア皇太子に切

清国の北洋艦隊旗艦「定遠」

りつけるという「大津事件」が起きています。このとき、明治天皇の懸命のとりなしで事は大きくならずに済んだのですが、これが戦争にでもなっていたらば今の日本やアジアはどうなっていたのかと思うと、ぞっとします。

さらに、その事件の余韻も治まらない九月、今度は「定遠」「鎮《ちん》遠《えん》」を筆頭に丁汝昌《ていじょしょう》水師率いる六隻の清国北洋艦隊がやはり親善訪問という名目で長崎、呉、神戸、東京を訪問しています。この定遠、鎮遠は東洋最強とも世界最強ともいわれる軍艦で、ドイツのフルカン造船所で建造されたものです。西洋諸国に蚕食される清国でありながら、朝鮮問題で対立する日本にその海軍力をまじまじと見せつける示威行為でした。

この明治二十四年の清国北洋艦隊の訪日は歴史の年表に記載されているのですが、明治十九年（一八八六）八月に長崎で起きた清国兵との騒動（長崎事件）に関しては記載されるケースが少ないのが不思議です。丁汝昌はウラジオストックに航海した帰途、「定遠」

「鎮遠」「済遠《さいえん》」「威遠《いえん》」の四艦を率いて長崎に寄港したのですが、このとき清国の水兵五名が泥酔して娼家、市民、警官に暴行をはたらき、清国領事館に連行されたのです。しかしながら、これを恨みに思ったのか、翌々日の夜、市内を巡察中の警官に清国水兵が暴行を加え、それを鎮圧しようとした警官隊に対して四五〇名もの清国水兵が応戦し市街戦を展開しているのです。この事件で日本側の死者一名、重傷五名、軽傷一五名、清国側の死者四名、重傷六名、軽傷九名、微傷一五名から一六名、という事件に発展したのです。

不平等条約下、諸外国に対する裁判権を有しないため日清両国で談判を行なったものの物別れとなり、翌明治二十年（一八八七）二月八日、外務大臣井上馨と清国公使との話し合いで双方の司法に問題解決を委ねるということで協議を終了しています。現代においても駐留米軍兵士による犯罪行為において日本の司法権が及ばないことに市民が大規模な集会を開いたりしますが、不平等条約下における長崎での事件は一地域における暴力事件程度に治めるしか打つ手がなかったということでしょうか。

かつて、百済救援で出陣したものの白村江の戦いに敗れた大和朝廷を威圧するかの如く、唐は郭務宗《かくむそう》を始めとする二〇〇〇人もの使節団を日本に送り込んできたことがありました。南下政策をとるロシアに続く清国の示威行為に国家存亡の危機を感じた玄洋社は民権派でありながらこの明治十九年（一八八六）の長崎事件で国権派へと大きく舵を切り替えたのです。民力の休養よりも海軍力を増強し、まず日本という国家を他国の侵略から守り抜かなければならないと自覚したからですが、大陸の政治状況に敏感である福岡という地域だからこその苦渋の決断であったと思います。

のちに、奇しくもロシア、清国と日本は戦端を開くことになるのですが、すでに親善訪問という示威行為の時点で戦いは始まっていたといっても過言ではないと思います。

選挙大干渉

政府が提案した海軍軍備拡張予算案成立を目指して、明治二十五年（一八九二）には第二回衆議院選挙がおこなわれています。この選挙は憲政史上の汚点とも言われ、内務大臣品川弥次郎主導による「選挙大干渉」が行われた選挙でした。地租改正、民力休養を主張する民党を抑え込む妨害選挙だったのですが、政府はこの選挙において警察力をはじめとするあらゆる妨害、圧力をもって民権派の選挙活動を抑圧しました。福岡においては玄洋社の頭山満が海軍軍備拡張案を支持して壮絶な選挙大干渉を展開しています。長崎で起きた清国兵の騒動に端を発した国権派への転換ですが、この方向転換は前年のロシア、清国艦隊による示威行動も大きく影響していると思います。

特に清国北洋艦隊の寄港は日本側への無通告であり、過去に長崎で騒乱事件は起こしている、砲門を皇居へ向けるというペリー艦隊が江戸湾で空砲を撃つ以上の行為だったのですから、いくら不平等条約下とはいえ、我慢ならないものがあったのは確かと思います。欧米諸国はこの不平等条約のもと、日本を単なるアジアにおける寄港地としてしかみておらず、日本各地の港には欧米諸国の軍艦、商船が群立するという様相でした。

その欧米諸国から蚕食されている清国から侮辱行為のみならず、侵略される危険性があることを知ったならば、尊皇攘夷思想の教育を受けた玄洋社創立メンバーが海軍軍備を増強しなければと思うのは火を見るよりも明らかだと思います。

この第二回の総選挙のとき、福岡選挙区において民党から唯一当選したのが岡田孤鹿《おかだころく》です。福岡の柳川を地盤とする岡田ですが、このとき、詩人の北原白秋は柳川で起きた玄洋社による民権派弾圧の様子を書き残しています。白秋の叔父が岡田孤鹿を支援していたために玄洋社壮士から切りつけられ、白秋の母が救出に向かうのですが、わずか八歳の白秋は当主としてピストルを握って家を守ったというのです。

福岡における民権派弾圧の親玉は福岡県令（知事）として送り込まれてきた安場《やすば》保和《やすかず》ですが、岡田孤鹿が現在の名古屋市で地租改正の役人であった時の県令（知事）であったのも安場保和だったのですから、因縁浅からぬというよりも岡田孤鹿を落選させるために故意に送り込まれてきた人物といえます。この安場保和ですが、船遊びの最中に現職の総理大臣である伊藤博文の頭に小便をひっかけても平然としていたというエピソードを持つ豪の人ですから、その選挙における弾圧は内乱を鎮圧するが如くのものだったのではと思えます。

　奇しくも、この安場保和の娘婿が後藤新平ですので、後に内務大臣になった後藤が無政府主義者の大杉栄、伊藤野枝と関係を持つのも安場保和の福岡県令就任が縁となっています。


　小便をひっかけるといえば、玄洋社の創立メンバーである進藤喜平太もかつての倒幕軍「勇敢隊」隊長の大野仁平が宴会の席で酔狂騒ぎを起こしたとき、顔面に小便をひっかけて座を鎮めたといいます。

　そうでした、来島恒喜も隣の座敷で騒いでいた大野仁平等と乱闘になり、燭台で仁平の頭を叩き割ったといいます。大杯を飲み干して福島正則から名槍日本号を飲みとった黒田武士の末裔たちにとって選挙大干渉で暴れることはいつもの騒ぎの一つでしかなかったのでしょう。

第八章　日清戦争

高陞号《こうしょうごう》事件

日清戦争の戦端が開かれたのは明治二十七年（一八九四）七月二十五日の早朝、豊島《ほうとう》沖（現在の韓国仁川国際空港の沖合）の海戦からといわれています。二年前には「海軍軍備拡張案」で政府と民権派とで衝突し、選挙大干渉という総選挙を行ったばかりですから、起こるべくして起きる予兆があったのでしょう。その豊島沖海戦の同時刻、東郷平八郎大佐を艦長とする「浪速」が清国兵や砲弾薬を満載し朝鮮の牙山《がざん》に向かう清国の傭船「高陞号」を豊島沖のショバイオール島南方二海里（約三・七キロ）のところで撃沈しました。この「高陞号」はイギリスのジャーデン・マセソン商会の持ち船であったことからイギリス、タイムズ紙の社説がイギリスの財産に対する侵害と騒ぎたてましたが、オックスフォード大学のホーランド博士が東郷艦長の対処は国際法に適っていると指摘したために沈静化しています。日露戦争における日本海海戦同様、東郷平八郎の冷静沈着な対応ぶりが称賛された事件でもあるのです。

この「高陞号」事件の以前、清国が朝鮮に続続と兵員を送り込んでいることは玄洋社系の軍事偵察員によって逐次日本側に報告されていました。その情報によって東郷艦長も冷静に対処できたと思うのですが、後にその偵察員のうち山崎羔三郎《やまさきこうざぶろう》、鐘崎三郎、藤崎秀《ふじさきしゅう》の三名は清国兵に捕らえられ処刑されています。

あるとき、この山崎羔三郎、鐘崎三郎、藤崎秀の墓が東京港区高輪の泉岳寺山門脇にあるということを知り、出かけたことがあります。泉岳寺といえば、なにをおいても赤穂四十七士の墓があることで有名ですが、両国国技館の近くにある吉良邸跡から泉岳寺までは地下鉄で二、三〇分ほどの距離で、電車もバスも無い江戸時代に徒歩でどれほどの時間がかかったのかはわかりません。ともあれ、地下鉄都営浅草線の駅名にもなっている泉岳寺で下車すると迷うこともなく寺へとたどり着きます。浅草の浅草寺並みの賑やかさを想像していたのですが、参道沿いには赤穂義士お馴染みの陣太鼓、羽織が並んだ土産物屋が数件ある程度。こじんまりとした佇まいに拍子抜けはしましたが、逆に好感を抱きました。

日清の戦役後、遼東半島の某所に墓が建てられたものの、ロシア、フランス、ドイツの三国干渉に逢って遼東半島は清国に返還されました。そのため現地に墓を留めておくことはできずに「殉節三烈士」として泉岳寺に移築されたのです。山門脇にあるということで何度も何度も門の周囲を歩き、いくつもの碑文を読んでは探し回ったのですが、ありませんでした。しかたなく寺男に話を聞くと、山門そばに赤穂義士の記念館を作る際に邪魔になり、一般の人が立ち入れない檀家の墓所に移されていることを教えてくれたのです。そのとき、当初七名いた偵察員のうち向《こう》野堅一《のけんいち》という人物が奇跡的に生き残っていて、その子孫がいるとも教えてくれましたが、いまどき、何を好き好んで「殉節三烈士」の墓などをという顔で見られました。

明治十九年（一八八六）、陸軍の情報将校であった荒尾精《あらおせい》は軍籍を辞して中国大陸に渡り、大陸全土の情報収集活動に入りました。こういうと、まるで他国を侵略するための事前調査のような印象を受けますが、荒尾精が考えていたのは西洋に蚕食されるばかりの清国の国政をあらため、わがもの顔で東洋諸国をなぶりまわす西洋諸国を放逐することにあったのです。陸軍軍人という経歴が邪魔になるのでひとりの志士として活動を始めたのですが、荒尾の考えに賛同した日本の志士たちは岸田吟香が上海で経営する薬商店「薬善堂」の漢口支店員として薬品や雑貨を商う行商人になりすまし、なかには易者、医者として大陸全土を調査していったのです。この岸田吟香は荒尾精とは縁戚ともいわれていますが、画家の岸田劉生の父親といったほうが分かりやすいかもしれません。

荒尾精は明治二十二年（一八八九）十二月に博多を来訪し、「伊藤小左衛門に続け」と絶叫し、日清間の貿易振興のための演説会を開催しています。日本と清国との提携発展がアジアの興隆につながると説いたのですが、同時に日清提携の人材育成を目的とした日清貿易研究所を創設したのです。荒尾は志半ばで病に倒れたのですが、大陸政策にも意欲を抱く岸田吟香がその遺業を支援し、日清貿易研究所は東亜同文書院へと発展、日中間の橋渡しをする有能な人材を輩出していったのです。

この日清貿易研究所からは語学、大陸事情研究の生徒を送り出したのですが、その卒業生たちが日清戦争時には軍事探偵として通訳や偵察員として活躍していたのです。遼東半島から泉岳寺に移設された墓の主たちは、この日清貿易研究所の卒業生たちだったのです。


ちなみに、いまでも「天風会」として啓蒙活動が続けられていますが、人生哲学を説いた中村天風もこの玄洋社系の軍事偵察員で「玄洋社の豹」の異名をとっていました。柳川立花藩十三代鑑寛《あきとも》公の子息とのことですが、若いころは手がつけられない暴れん坊だったそうです。頭山満のところに預ければ少しは大人しくなるだろうということで玄洋社に入ったのですが、軍事探偵としての活躍を喜々として語っていますからよほど性分にあっていたのでしょうね。明治から昭和にかけての歴代宰相、政財界など一〇万人の人々に薫陶を与えた中村天風ですが、その門弟のひとりに東郷平八郎の名前があるのもおもしろいものだと思います。

現在、柳川立花公の屋敷は「御花《おはな》」という料亭になっていますが、この料亭を開いたのが十六代当主として立花家を継いだ立花和雄氏です。日清・日露の海戦で軍功を挙げた海軍元帥島村速雄の次男で、立花家に婿入りして家督を継がれたのですが、その伴侶となる文子様は立花藩十五代当主の次女で徳川慶喜の曾孫にあたる方です。

日清間の兵装と訓練の違い

日清戦争の戦勝の要因は、国民皆兵によって参戦した正規兵の日本軍と漢民族の兵士と傭兵で成り立つ清国軍の軍制との違いが大きいと思います。清国軍の指揮官ともいうべき立場の人間は満洲族の文官であり、財務官僚や司法官僚が軍隊の指揮をとっているようなものだったのです。

明治二十四年（一八九一）、親善訪問の名目で清国北洋艦隊が品川沖に投錨していますが、その「定遠」の巨艦ぶりに日本側は度肝を抜かれたものの、停泊している「定遠」の砲身に清国兵が洗濯物を干しているのを見て清国軍の規律の乱れをみてとったといいます。これに限らず、司令官である丁汝昌も艦長室に見張りも立てず、艦の火夫たちと麻雀を楽しんでいたとのこと。イギリスの武器メーカーであるアームストロング社の代理人として東洋にやってきていたミュンターは日清間の内情に詳しい人物だったのですが、講和条約の全権大使になった李鴻章《りこうしょう》が一分間に何発の砲弾を発射できるかの簡単な数式を理解できず、逆に武器購入に際してのバックリベートを持ちかけてくることに呆れかえったといいます。このようなことから清国優位との諸外国の評判のなか、戦争勃発の報を聞いた時点でミュンターは日本の勝利を予言していたといいます。

この軍制の相違だけではなく、幕府の長崎海軍伝習所による乗組員の養成が明治海軍に引き継がれたことも大きな要因でした。幕府海軍の頃から日本人は自らの手で操艦したがり、蒸気船を作りたがったとのことですが、その極みは「日米修好通商条約」批准のために太平洋を横断した遣米使節団ではないでしょうか。この使節団が搭乗した艦は博多港にも寄港した咸臨丸で、艦長は幕臣の勝海舟でした。この使節団には勝海舟と同じ幕臣の小栗豊後守（上野介）も監察として加わっていますが、計数能力に優れているばかりではなく、アメリカの金貨と日本の小判の銀の含有量の相違を指摘し、通貨の為替レートの交渉を成し遂げています。アメリカ側から高い評価を得るほどの辣腕ぶりを小栗上野介は発揮したのですが、日本の将来を見据えて横須賀への造船所建設までをも計画していました。いまでも日本人は技術のサル真似と諸外国から評されることがありますが、自主独立の国民性ばかりは昔からのもののようです。

翻って、清国軍においては艦船から砲、銃弾にいたるまで西欧諸国の様様なものを買い込んでいるのですが、標準化が整わず、口径の合わない銃と弾薬で数量だけを賄っていたというのです。なかには購入したイギリスの大砲に自前の火薬を詰め込んで使ったために、使いものにならなくなってしまったものもあったとか。

小銃や砲にしても、清国軍はドイツのモーゼル、クルップが大半を占め、兵員の六割程度分しか銃器がそろわず、そのために刀、矛という三国志の時代を彷彿させる武器を所持させていたそうです。奴隷のように使役していた漢民族の兵士の生き死になど、満洲族の高官は何の関心もなかったということでしょうか。

これに反して日本軍は艦船こそイギリス、フランス製が混在しているものの、大砲は可能な限りイギリスのアームストロング速射砲に統一していました。陸軍においても所持する小銃は明治十三年式、十八年式の国産村田銃で統一され、後方の部隊はスナイドル銃（イギリスの後装銃）を所持していましたが、これとても村田銃が制式銃となる前の全陸軍の制式銃でした。

それでも「眠れる獅子」といわれる清国を相手に戦うには用意周到な準備が必要とされ、黄海海戦における日本海軍参謀の島村速雄大尉は小艦の日本軍艦が巨艦の清国軍艦と戦う作戦を練りに練っています。この戦術研究については明治九年（一八七六）から六年間にわたって日本海軍が雇ったイギリス海軍中佐ウィランの尽力があったのですが、中尉時代の島村速雄はウィランから直接に指導を受け、ウィランが著した著作等を翻訳し『海軍戦術一斑』としてまとめています。さらに明治三十三年（一九〇〇）には艦隊運動による単縦陣戦法を丁字戦法として発展、日本海軍における戦術として確立されていったのです。

この戦術は後の日露戦争における日本海海戦で秋山真之《あきやまさねゆき》参謀も用いた速射砲と戦法ですが、司馬遼太郎の小説『坂の上の雲』においての秋山真之の印象が強いためか、秋山による立案と一般には思われているようです。

明治二十七年（一八九四）七月十六日、幕府と諸外国との間に締結された不平等条約改正に苦しんでいた日本でしたが、イギリスとの間で新通商航海条約が締結されました。東アジアにおいて覇権を争うイギリスとロシアでしたが、イギリス側としては日本との平等な条約を締結することで日本をイギリスの勢力下に取り込み、ロシアの南下政策を阻止したかったのではと思います。開戦当初、東郷平八郎艦長がイギリス船籍の商船を撃沈したことから起きた日本批判が急速に鎮静化した陰にはイギリスの外交戦略、さらには、日本海軍の戦艦、装備品の大半はイギリスのアームストロング社製ですので、商取引上の配慮も働いたのではないでしょうか。

余談ながら、東郷平八郎艦長座乗の「浪速」ですが、アームストロング社のニューカッスル造船所で建造したもので、この艦を引き取るときの回航委員は日清戦争時の連合艦隊司令長官の伊《い》東祐亨《とうすけゆき》大佐、海軍大臣、首相を歴任した山本権兵衛少佐という日本海軍を象徴する人たちと縁の深い艦でした。

さらに、後の海軍軍医総監を務めた東京海軍病院長の高木《たかぎ》兼寛《かねひろ》は脚気による兵食研究のため、イギリスから日本に到着するまでの間、「浪速」の兵員にパン食だけをさせて脚気と兵食との関係を調査しています。後に何度も実験を行い、ビタミン欠乏と脚気発症の関係を証明し、日清、日露での海軍戦病者の軽減に多大な貢献をしているのです。

勇敢なる水兵

うのはなの　にようかきねに
ほととぎす　はやも来なきて
しのびねもらす　夏は来ぬ

初夏になると今でも耳にする唱歌「夏は来ぬ」ですが、その作詞者が軍歌「勇敢なる水兵」の作詞者である佐佐木信綱と同一人物と知ると、驚かれるのではないでしょうか。美しい日本の初夏の風景を歌った作詞者が軍歌まで作詞するのか、もしかして軍部の強要で作詞させられたのかと思うかもしれませんが、佐佐木信綱は自発的に「勇敢なる水兵」を作詞しています。国学者という思想的な部分もあるかもしれませんが、多くの日本国民にとってこの日清戦争は国の興廃をかけた戦いとして捉えられていました。

明治二十七年（一八九四）九月の黄海海戦において、日本海軍の旗艦「松島」は「鎮遠」の放った砲弾が命中し、誘爆から九〇名もの戦傷者を出しています。このとき、「松島」に乗っていた佐賀県出身の三浦虎次郎三等水兵はこの砲撃で瀕死の重傷を負い戦死してしまうのですが、通りかかった「松島」の副長向山少佐に「定遠はまだ沈みませんか」と尋ねて息を引き取ったといいます。佐佐木信綱はこの戦場美談に感激し、一晩で「勇敢なる水兵」を作詞したといいます。

煙も見えず雲もなく
風も起こらず波立たず
鏡のごとき黄海は
曇り初めたり時の間に

呼びとめられし副長は

彼のかたへにたたずめり
声をしぼりて彼は問う
「まだ沈まぬや『定遠』は」
この言の葉は短くも
御国を守る武士の
胸にぞ深く刻まれぬ
（「勇敢なる水兵」作詞　佐佐木信綱　作曲　奥好義）

不平等条約下、関税自主権や治外法権はなく、半植民地と同じ状況に苦しんでいた日本において、清国による傍若無人の長崎事件で辱めを受け、さらにはその軍事力で威圧する敵国のシンボル「定遠」であっただけに、「定遠」が参戦する海戦において十九歳の水兵が戦いの趨勢を尋ねる場面は日本国民共通の意識だったのでしょう。

艦船はその用途によって長さ、幅が異なるために一般的にトン数表示によってその大きさを表しますが、単純にトン数からだけではイメージがわきません。明治時代の戦艦とはどういったものだったのかと思い、神奈川県横須賀市にある「三笠記念館」を訪れたことがあります。この記念館ですが、日露戦争での日本海軍の旗艦「三笠」（一万五一四〇トン）を丸ごと陸上に定置しているのですが、当時のままに幕僚の会議室、東郷平八郎連合艦隊司令長官の個室が再現されているのには感心しました。とりわけ、東郷司令長官の個室にはバスタブまでもが備え付けられ、その豪華版に驚いたのを覚えています。

館内には士官、下士官、水兵が納まった写真パネルがあり、士官や下士官が軍刀などを所持するのはわかるのですが、水兵たちまでもがピストルや抜き身の短刀を構えて記念写真に納まっているのには感銘をうけました。

はたして、黄海海戦で戦いの行く末を気にしながら戦死した三浦虎次郎三等水兵のように海軍組織の最底辺に位置する水兵までもが武士の気概を持っていたのだろうかと疑問に思っていたのですが、この写真パネルの水兵たちの面構え、武器を誇示する姿をみて、その疑念は氷解したのです。

余談ながら、夏目漱石の『坊ちゃん』は漱石自身が英語教師として着任した旧制松山中学が舞台となっていますが、その小説に登場する体育教師のモデルとなった濱本利三郎は日清戦争において山縣有朋率いる第一軍に下士官として従軍しています。彼が残した『日清戦争従軍秘録』には後備兵でありながらも召集令状を待ちわび、「(朝鮮)民族の保護、(朝鮮)王国の独立、平和の地となさんがため」という大義を抱いて参戦しています。

戦いの終結

黄海海戦では日本海軍の「松島」が甚大な被害を受けたものの、「定遠」も日本海軍の放った速射砲によって火災を起こし、清国北洋艦隊の軍港威海衛に退避しました。その後、この清国艦隊は堅牢な防御陣地である威海衛に立てこもり、外海に出てくる気配はありませんでした。そこで、考えられたのが水雷艇による魚雷攻撃だったのです。

月は隠れて海暗き
二月四日の夜の空
闇をしるべに探り入れる
我が軍九隻の水雷艇
見よ定遠は沈みたり

見よ定遠は沈みたり
早や我が物ぞ我が土地ぞ

（「水雷艇の夜襲」作詞　大和田建樹　作曲　瀬戸口藤吉）

この「水雷艇の夜襲」にあるように、日本海軍は威海衛軍港内の清国艦隊に向けて夜襲をかけていますが、このとき六号水雷艇の艇長として威海衛突入を指揮したのが鈴木貫太郎大尉（終戦時の首相）です。この水雷艇による夜間の魚雷攻撃は世界の海戦史上初のできごとであり、「定遠」に乗っていたイギリス人顧問のテイラーは水雷艇が距離二〇〇メートルに接近して初めて日本海軍の攻撃に気付いたといいます。しかしながら、その水雷艇を視野に認めたときには「定遠」は爆裂によって艦が傾きかけていて、浅瀬に乗り上げてようやくにして転覆を免れたといいます。

おもしろいのは、清国北洋艦隊といいながら、「定遠」に乗っていたのは顧問のテイラー、艦隊顧問のイギリス人マックリューア、威海衛の軍港建設の指導はドイツ砲兵少佐のハンネッケンが行い、ドイツ人技師のアルベルト・ネルゼンが防御の設計をしていることです。日清戦争交戦録のなかにはアメリカの新聞記者であるポーストの記事が収録されているのですが、そのなかには「清国の海軍士官の多数は英人もしくはドイツ人なればなり」と出ています。表面上清国との戦いでありながら、その実、日清戦争は西洋諸国との戦いでもあったということです。

日清戦争における海戦の結末は、イギリス東洋艦隊司令長官フリーマントルを証人として、清国北洋艦隊の丁汝昌から連合艦隊司令長官の伊東祐享に威海衛の艦船砲台すべてを献納するという降伏文書提出をもって終決しましたが、陸軍においては多くの戦病死者を出しています。

▽日清戦争における日本陸・海軍の人的損失（大本営による統計資料）

戦死および傷死	一四一七名
病死	一一八九四名
変死	一七七名

この結果を見て驚くのは、戦傷死の八倍強の病死者がいることです。病死の内容としてはコレラ・マラリア・赤痢・脚気ですが、衛生状態と糧食の補給が極めて悪かった半島、大陸で戦った陸軍兵は気の毒としかいいようがありません。濱本利三郎等を乗せた帰還船においても船中においてコレラで亡くなった兵隊のことが記述されていましたが、一片の感情も盛り込まずに事実だ

けが述べられた日記はいっそう哀れに思いました。海軍では高木兼寛によって兵食と脚気との関係の研究が進んでいたために脚気による病死者は皆無でしたが、陸軍においては軍医総監森鴎外による脚気の伝染病起因説によって、日露戦争においても脚気による病死者が減少しなかったのはかえすがえすも残念です。

また、当時から気鬱病というものがあったそうですから、自殺による死亡などが変死に区分されたのではと思います。

ちなみに、板垣退助の遭難に際して命を救った後藤新平ですが、この日清戦争において対外戦争における凱旋兵の検疫制度を定着させました。帰還兵によって持ち込まれるコレラ・赤痢などの伝染病を水際で防ぐことで日本国内に衛生という治安をもたらすことができたのです。「衛生とは即ち自由、平等、博愛の精神に則り、公共的施設によって、公民の福利を増進するの道」と後藤新平は考えていたのです。

定遠の引揚と定遠館の建設

明治二十九年（一八九六）三月六日、大本営から小野隆助あてに「定遠」引揚の許可がおりました。清国北洋艦隊の丁汝昌からは前年の明治二十八年（一八九五）二月十二日に降伏文書が提出されるとともに艦船砲台のすべてを日本側に引き渡すことになっていましたので、浅瀬に乗り上げたままの「定遠」もそれに含まれていました。

この時代、戦利品の多くは皇居賢所に設けられた日清戦争参戦将兵の追悼施設である「振天府」に献納し、明治天皇の目に留まるようにしむけられていました。破壊されてはいるものの、日清戦争の戦勝のシンボルともいうべき「定遠」の一部でも持ち帰り、明治天皇の関心を惹きつけたいと誰もが意気込んでいたのではないでしょうか。

海戦の終結から一年以上も経過して「定遠」の引揚許可がおりたことに不思議を感じていたのですが、これには引揚に関して多くの申請書が提出され、その許可をめぐってさまざまな政治的駆け引きがあったのではと思うのです。薩摩藩から幕府の海軍伝習所に送り込まれ、たっぷりと潮気の染み込んだ連合艦隊司令長官である伊東祐亨などはとりわけ「定遠」を持ち帰る権利があると自認していたのではないでしょうか。

しかしながら、「定遠」の引揚品が旧福岡藩出身者によって献納されたとなれば、維新のバスに乗り遅れた汚名を大きく挽回し、明治天皇に強くその忠誠を訴求できる絶好の機会到来と考えても不思議ではありません。陸・海軍にも、政府にも強い影響力を持たない福岡藩閥関係者の中において、衆議員議員を歴任したのちには香川県知事にも任命されている小野隆助ほど申請者として最適任の人物はいなかったのではと思います。

政府に対する上申書には、
・薩長同盟の仲介を果たした旧福岡藩士であること
・奥羽征討軍に義勇軍の参謀として参戦したこと
・三条実美公の太宰府移転の関係者であること
・真木和泉守保臣（明治二十四年正四位追贈）の甥であること
・菅原道真公を祀った太宰府神社（太宰府天満宮）の神官であること
・福岡県官吏から現職の衆議院議員であること
・大宰大弐小野好古の末裔であること
などの履歴を書き加えていたのではないでしょうか。

さらに、太宰府天満宮は天皇の「お撫物」をもって病気平癒を祈願していた由緒など、朝廷との永年の関係を強調しながら小野隆助は日本防衛の最前線である筑紫の国の存在意義を薩長政府に訴えたのではと思います。

ましてや、引揚資金を用意し、艦の重要品などは宮内省に献納するという申し出ですから、政府としても却下する理由はどこにもありません。

この引揚許可を受けて、小野隆助は多数の潜水夫を募り、一ヵ年を要して「定遠」の引揚を行なっています。引揚にあたって小野隆助は私財を投じているのですが、釜山にあった香椎漁業社長の香椎源太郎なども当時の金で一万円を寄付したといいます。戦勝の記念事業として「定遠」のネームバリューがいかに高かったかの証拠ではないでしょうか。

このことは「定遠」「鎮遠」が品川沖に示威行動で姿を見せた時、時の海軍大臣西郷従道、陸軍参謀次長川上操六、陸軍情報将校荒尾精、そして政界の黒幕といわれた杉山茂丸がその艦隊見物をしているのですが、西郷従道などは「定遠」「鎮遠」を見て「取りたいのう」と語るほど、戦争開始前から強い関心を示しています。

これはあくまでも推測ですが、西郷従道とは姻戚関係の平岡浩太郎、そして杉山茂丸も「定遠」の引揚資金を捻出したのではないかと思うのです。平岡は初の政党内閣である隈板《わいはん》内閣成立のために資金援助を惜しみませんでしたし、杉山は軍事探偵を擁していた荒尾精の活動資金を援助したりもしていますので、ありえないこともないと思うのです。

日清戦後の賠償交渉において日本は台湾、遼東半島を割譲されたものの、ロシア、ドイツ、フランスの三国干渉により遼東半島を清国に返還しました。しかしながら、その直後、ロシアは旅順、ドイツは青島、イギリスは威海衛、フランスは広州湾を租借し軍港を建設しているのですから西洋の侵略行為は衰えることはありませんでした。

それでも、軍事力で大幅に劣る日本が清国に戦勝したことは元寇の「神風」にも等しく、神の助けがなければ叶わぬことと誰もが固く信じ込んでも不思議ではありません。清国軍との戦いといいながら、その実、イギリス、ドイツなど西洋諸国が多数加担しており、これらの国々の侵略行為を阻止し、さらには朝鮮を経て南下してくるロシアとの国境線を画定させるための防衛戦争が日清戦争であったと思います。

西洋諸国との対等な条約締結にむけて多くの志士たちが命を落とし、その後の西欧列強の侵略戦争から日本を守り抜くために多くの国民が命を落としました。

なぜ、太宰府天満宮に日清戦争の遺物があるのか不思議でしたが、西洋諸国の侵略に打ち勝った「神風」の証として、小野隆助は「定遠館」を残したかったのではと思えてしかたありません。「定遠」の操舵儀だけは連合艦隊司令長官の伊東祐亨が自身の破産を招いてまで武器を調達してくれた長崎のトーマス・グラバーに感謝のしるしとして譲ったとのことですが、それが今も長崎のグラバー園に残っているのかは、わかりません。

のちに、この日清戦争の勝利が二五〇年の長きにわたって満洲族に支配されていた漢民族の解放、諸国と対等の外交を望む中華民国建国の機縁となる「辛亥革命」につながるとは小野隆助自身も考えつかなかったのではと思います。

ともあれ、ふと目にした一枚の朽ち果てた鉄板から長い長い歴史を尋ねることになったのですが、博多・太宰府という真っ先に諸外国の政治的影響を受ける地において、「筑紫は国の守り」の象徴として、今も「定遠館」は建ち続けています。

おわりに

今から四半世紀前にふと目にした「定遠館」の存在が気になって、関係書を集め読み漁るようになりました。しかしながら、核となるものも枠も摑めず、手あたり次第に読み進むだけというものでした。とんでもないものに興味を持ってしまったと後悔し、途中で放り出そうとしたことは一度や二度ではありませんでしたが、帰省の折、特段の用事も無いのに太宰府天満宮に行っては「定遠館」がまだ残っていることに安堵し、この建物の存続を願っていました。

この「定遠館」について知りたいという気持ちから博多・太宰府とはなんぞやという疑問に発展し、時に「お前は何者」という自身への問いかけにもなり、出口の見えない迷路に入り込んでいったのです。

この出口の見えない迷路から脱出するには、断片的でもいいから誰かに語るのが良いのではと思いつき、ある友人に話し聞かせるという形でまとめてみようと思ったのです。その友人は暇をみつけては世界を旅し、中近東やアジアの乗継空港から突如としてメールを送ってよこすメル友でもあるのですが、アジアとの関係が深い博多・太宰府のエピソード、たとえば関西での「豚まん」関東での「肉まん」を博多では「ポーズ」（中国語の包子・パオズ）と呼ぶことや、近所にハウスと呼ばれる米兵家族の家があったこと、演習とはいえ韓国海軍の砲声を耳にしたこと、ラジオ放送には駐留米軍向けや大陸・半島からの電波が飛び交っていたこと、ときには福岡の地元ラジオ局に韓国釜山からのリクエストカードが届くといった事を面白がって聞いてくれるのです。

偶然、弦書房の小野編集長との縁ができ本書を執筆するに至ったのですが、そのきっかけは様様な本の書評をインターネット上に投稿していたことからでした。その書評を投稿するということも先述の友人が紹介してくれたことから始まったのです。何かの折、友人に語る博多・太宰府について触れた際、ある程度まとまったならば拝見したいと小野編集長から手紙をいただいたことから書き改めることになったのですが、初めてのことで肩に力が入りすぎて先に進まなくなりました。これは博多・太宰府の地に生きた先人たちと私自身の気持ちが同化できていなかったからと思います。

「人は自分の力で書いていると思い込むが、書いているんじゃない、書かせてもらっているんだよ。そこを勘違いしてはいけない」と伏見稲荷大社講務本庁筑前博多教会の篠原先生から教えをいただき、博多・太宰府の歴史に関わった先人たちの願いや思いを「書かせてもらう」という気持ちに切り替えたことでまとめあげることができました。さすが、あの映画監督の北野たけしさん、プロサッカーチームの前監督であるラモスさんが尊崇される先生の言葉と感じいった次第です。

振り返れば、歴史的にも地理的にも博多・太宰府の人々はアジアを意識せざるをえない環境にあるのですが、このことは、福岡市営地下鉄、九州自動車道の案内表示に英語、中国語、韓国語が併記されていることを「(朝鮮半島・中国大陸に) 近いけんねえ」の一言で表わしてしまいます。

近代日本の中央集権国家の枠組みの中にありながら、地勢的にアジアはもう一つの共栄圏という共通認識が博多・太宰府の人々の生活に染み込んでいるからかもしれませんが、このことは敗戦後にGHQから解散を命じられた筑前玄洋社の人々の言動にも多く見受けられます。本書の執筆にあたって読み込んだ資料に登場する筑前玄洋社の人々の言動は、中央政府の視点で物事を判断する批評家たちの理解が及ばないところにあり、逆に無用な誤解を招いているのではないだろうかと思うようになりました。

このことから、今後はこの筑前玄洋社の人々の言葉足らずからくる誤解を補完し、アジアを意識する博多・太宰府を語り続けることができればと考えています。

また、本書の中心人物である小野隆助の顕彰碑を「定遠館」の前庭に建立できればと願っています。

最後に、楽しくもあり、悩みもしながら書き終えることができましたが、博多・太宰府について「面白い」といって耳を傾けてくれた友人に深く感謝したいと思います。

浦辺　登

〈参考文献〉

『日本史年表・地図』(吉川弘文館、二〇〇七年)
『さいふまいり』筑紫豊(西日本新聞社、昭和五十一年)
『神苑石碑巡り』(太宰府天満宮文化研究所、平成十三年)
『新菅家御伝』味酒安則・村田真理(太宰府天満宮文化研究所、平成十四年)
『太宰府発見』森弘子(海鳥社、二〇〇三年)
『菅原道真』坂本太郎(吉川弘文館、平成二年)
『広田弘毅』服部龍二(中公新書、二〇〇八年)
『福岡県の歴史散歩』(山川出版社、一九八四年)
『花と龍(上・下)』火野葦平(岩波現代文庫、二〇〇七年)
『神道の常識がわかる小事典』三橋健(PHP新書、二〇〇七年)
『寺社勢力の中世』伊藤正敏(ちくま新書、二〇〇八年)
『萬葉集とその世紀(上・中・下)』北山茂夫(新潮社、昭和六十年)
『防人』岡本顕實(さわらび社)
『大宰府』岡本顕實(さわらび社)
『鴻臚館』岡本顕實(さわらび社)
『白村江』鈴木治(学生社、六十一年)
『稲荷暦』(伏見稲荷大社、平成二十年)
『博多』武野要子(岩波新書、二〇〇〇年)
『文禄・慶長の役』上垣外憲一(講談社学術文庫、二〇〇二年)

『柳川ふるさと塾①』原達郎（やながわふるさと塾、二〇〇八年）
『太宰府天満宮の謎』高野澄（祥伝社、平成十二年）
『太宰府市史　通史編II』（太宰府市、平成十六年）
『北原白秋詩集』北原白秋（角川文庫、平成十一年）
『オランダ人の見た日蘭関係の四世紀』De Tijdstroom（BV出版、一九八三年）
『幕末の外交官　森山栄之助』江越弘人（弦書房、二〇〇八年）
『長崎蘭学の巨人』松尾龍之介（弦書房、二〇〇七年）
『日蘭交流400年の歴史と展望』（財団法人日蘭学会、平成十二年）
『真木保臣』山口宗之（西日本新聞社、平成七年）
『創業者・石橋正二郎』小島直記（新潮文庫、昭和六十一年）
『軍神』山室建徳（中公新書、二〇〇七年）
『ラーメンひと図鑑』原達郎（弦書房、二〇〇七年）
『筑前名家人物志』森政太郎（文献出版、昭和五十四年）
『頭山満直話集』（書肆心水、二〇〇七年）
『頭山満言志集』（書肆心水、二〇〇六年）
『筑前玄洋社』頭山統一（葦書房、一九八八年）
『頭山満と玄洋社』読売新聞西部本社編（海鳥社、二〇〇二年）
『ふくおか歴史散歩』（福岡市、平成八年）
『俗戦国策』杉山茂丸（書肆心水、二〇〇六年）
『明治維新と歴史認識』明治維新史学会編（吉川弘文館、二〇〇五年）

『近世快人伝』夢野久作（葦書房、一九九五年）
『筑前竹槍一揆論』上杉聰・石瀧豊美（海鳥ブックス、一九八八年）
『明治事物起原１・２』石井研堂（ちくま学芸文庫、一九九七年）
『博多に強くなろう！　①②』福岡シティ銀行編（葦書房、平成元年）
『博多・北九州に強くなろう！　③』福岡シティ銀行編（葦書房、一九九五年）
『人ありて』井川聡・小林寛（海鳥社、二〇〇六年）
『杉山茂丸伝』堀雅昭（弦書房、二〇〇六年）
『黙してゆかむ』北川晃二（講談社、一九七五年）
『侠客の条件』猪野健治（筑摩書房、二〇〇六年）
『時代の先覚者後藤新平』御厨貴（藤原書店、二〇〇四年）
『日本の海軍　誕生編』池田清（朝日ソノラマ、一九九三年）
『旧参謀本部編・日清戦争』桑田忠親・山岡荘八　監修（徳間文庫、一九九五年）
『近代の戦争　１日清戦争』松下芳男（人物往来社、昭和四十一年）
『幕末維新の経済人』坂本藤良（中公新書、昭和五十九年）
『明治維新とイギリス商人』杉山伸也（岩波新書、一九九三年）
『明治の外国武器商人』永島要一（中公新書、一九九五年）
『日本海軍お雇い外人』篠原宏（中公新書、昭和六十三年）
『成功の実現』中村天風（日本経営合理化協会出版局、一九九八年）
『明治国家と日清戦争』白井久也（社会評論社、一九九七年）
『ある明治人の朝鮮観』上垣外憲一（筑摩書房、一九九六年）

『日清戦争従軍秘録』濱本利三郎（青春出版社、昭和四十七年）
『日韓併合の真実』チェ・キホ（ビジネス社、二〇〇三年）
『近代日本と朝鮮』中塚明（三省堂選書、一九九五年）
『日清・日露戦争』井口和起（吉川弘文館、一九九四年）
『閔妃暗殺』角田房子（新潮社、一九八九年）
『柳川の殿さんとよばれて・・・』立花和雄（梓書院、平成五年）
『一億人の昭和史　昭和の原点　明治・上』（毎日新聞社、一九八一年）
『一億人の昭和史　昭和の原点　明治・中』（毎日新聞社、一九八一年）
『一億人の昭和史　昭和の原点　明治・下』（毎日新聞社、一九八一年）
『別冊一億人の昭和史　日本植民地史　朝鮮』（毎日新聞社、一九七八年）

太宰府天満宮「とびうめ」
西南学院大学「遺跡元寇防塁」
吉田敬太郎『汝復讐するなかれ』
福岡県立図書館蔵『小野（三木）隆助碑誌』

〈著者略歴〉

浦辺　登（うらべ・のぼる）

昭和三十一年（一九五六）、福岡県筑紫野市生まれ。福岡大学ドイツ語学科在学中から雑誌への投稿を行うが、卒業後もサラリーマン生活の傍ら投稿を続ける。近年はインターネットサイトの書評投稿に注力しているが、オンライン書店ｂｋ１では「書評の鉄人」の称号を得る。「九州ラーメン研究会」のメンバーとして首都圏のラーメン文化を研究中。

神奈川県川崎市宮前区在住。

太宰府天満宮《だざいふてんまんぐう》の定遠館《ていえんかん》

――遠《とお》の朝廷《みかど》から日清戦争《にっしんせんそう》まで

二〇〇九年八月二〇日発行

著者　浦辺《うらべ》　登《のぼる》

発行者　小野静男

発行所　弦書房

（〒８１０・００４１）

福岡市中央区大名二―二―四三

ＥＬＫ大名ビル三〇一

電話　〇九二・七二六・九八八五

ＦＡＸ　〇九二・七二六・九八八六

印刷
製本　大村印刷株式会社

落丁・乱丁の本はお取り替えします。

ISBN978-4-86329-026-6　C0021

JASRAC 出0908358-901

◆弦書房の本

大宰府万葉の世界

前田淑　風雅だけでは語れない、万葉びとの心情——大伴旅人、山上憶良を中心とする大宰府の官人たちの歌群「筑紫歌壇」を読み解くことで立ち現れる、〈天ざかる夷〉での天平官僚群像という新たな第三期万葉集の姿。

【四六判・並製　２０８頁】１８９０円

南蛮から来た食文化

江後迪子　鉄砲伝来から明治初期にかけて海を渡って来た食べ物が、日本の食文化として定着し、生活に根付いていく過程を、江戸時代の古文書の精査、さらにヨーロッパ・東南アジア諸国への現地調査をもとに解明する。

【四六判・並製　２２４頁】１８９０円

アジア南回廊を行く

宇佐波雄策　内戦、宗教紛争、貧困、ＩＴ先進国——インド亜大陸＝南アジアの混沌を見つめて13年余。ボーン上田賞受賞の特派員が歴史にわけ入り、現場に飛んで、南アジア8カ国の素顔を活写、各国を多角的にレポートする。

【四六判・並製　２７０頁】２１００円

杉山茂丸伝　アジア連邦の夢

堀雅昭　明治の政財界の中枢に常に影のように寄り添いながら世界を見すえた男、茂丸の生涯。日清・日露戦争、日韓併合、五・一五事件など重要な局面では必ず卓越した行動力を発揮した近代の怪物が描いた夢に迫る。

【四六判・並製　２３２頁】１９９５円

＊表示価格は税込